防范
电信网络诈骗
实用手册

王辉华　主编

FANGFAN
DIANXIN WANGLUO ZHAPIAN
SHIYONG SHOUCE

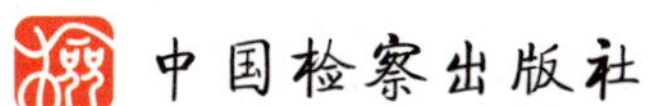

图书在版编目（CIP）数据

防范电信网络诈骗实用手册 / 王辉华主编 . -- 北京 : 中国检察出版社 , 2024. 11. -- ISBN 978-7-5102-3126-1

Ⅰ . D924.33-62

中国国家版本馆 CIP 数据核字第 2024SD5532 号

防范电信网络诈骗实用手册

王辉华　主编

责任编辑：吕亚萍
技术编辑：王英英
封面设计：徐嘉武

出版发行：中国检察出版社
社　　址：北京市石景山区香山南路 109 号（100144）
网　　址：中国检察出版社（www. zgjccbs. com）
编辑电话：（010）86423787
发行电话：（010）86423726　86423727　86423728
（010）86423730　86423732
经　　销：新华书店
印　　刷：北京联合互通彩色印刷有限公司
开　　本：710 mm × 960 mm　16 开
印　　张：13.25
字　　数：177 千字
版　　次：2024 年 11 月第一版　　2024 年 11 月第一次印刷
书　　号：ISBN 978 – 7 – 5102 – 3126 – 1
定　　价：58.00 元

《防范电信网络诈骗实用手册》编委会

主　编　王辉华

副主编　黄兵国　容慧辉　吴　劲　熊麒麟

委　员　黄婷婷　杨秋玲　董彩珍　柯天寿
张辉谋　陈耿锋　陈德强　谢健娣
蔡泽昌　吴荣华　梁活锦　李冬璇
张小霞　张纪航　李美玲　戴文婷
符堪灿　张　欣　肖俊斌　李燕玲
张高瑞　陈坤蓉　劳靖雯　庞元锐

绘　图　王颖怡　王子豪　陈珉锋　苏菁菁
陈俊媚

前 言

人从一出生就生活在社会这张巨大的网络中，正如德国法学家格尔克所述，“人之所以称为人，就在于人与人之间存在紧密联系”。电信网络诈骗发端于20世纪末，系行为者利用电信网络欺罔他人，使被害人陷入错误认识而交付财物，从而取得本人或第三者所持之财物。

历经几十年发展演变，电信网络诈骗从最初借助电话、手机短信等单一形式，不断迭代翻新。进入信息化互联网AI时代，电信网络诈骗在低投入高暴利的驱使下，愈演愈烈，引入木马病毒、钓鱼网站、网络社交软件等工具，从广撒网到精准施骗，从冒充公检法到虚假网络贷款等，诈骗手法深度介入公民社会活动和日常生活，有些甚至是量身定制，有剧本、有步骤，极具迷惑性，足以以假乱真，呈现出产业化、跨境化、智能化、剧本化、精准化等新趋势。但万变不离其宗，其本质无非是利用受害人的贪利心理，比如以中奖、退税、投资赢利等作为诱饵；恐惧心理，比如以涉嫌犯罪、影响征信等进行恫吓；焦虑心理，比如以亲朋好友突发疾病使人陷入焦急担忧的心理状态，从而降低判断力；羞耻心理，比如某朋友嫖娼要交罚款，不方便告诉家人；义气心理，朋友有难，挺身而出，慷慨资助等。

诈骗罪属于智能犯，渗透到生活的方方面面，严重扰乱了社会秩序。2016年，徐玉玉被电信诈骗案轰动全国。一纸高考录取通知书带给山东18岁女孩徐玉玉对美好未来的无尽憧憬，然而，一通冒充教育部门的诈骗电话却将她的生命及梦想永远定格在了18岁。该案涉案人员多，作案地域广，侦查难度大，司法机关、相关职能部门通力合作，破解办案难题，将整个诈骗团伙和背后侵犯公民个人信息的“黑客”一网打尽。该案推动了我国法治建设，被评为“2017年推动法治进程十大案件”之一，成为反电信网络诈骗工作的重要里程碑。我们在严厉打击电信网络犯罪的同时，要揭开诈骗分子用障眼法、迷魂阵蒙上的层层面纱，慧眼明辨，识破其伎俩，豫观其巧诈。与其亡羊补牢，毋宁未雨绸缪，多透析犯罪分子的诈骗手段，知己知彼，方可避免被骗后的追悔莫及。掌握种种诈骗表象背后的特点和规律，即便面对诈骗新型变种，也能心明眼亮，从容应对。

面对近年来频现的电信诈骗犯罪案件，为帮助社会公众提高识别并应对各类电信诈骗的能力，茂名市人民检察院组织办案经验丰富的检察官汇编十二大类常见电信网络诈骗案例，涵盖冒充身份、盗取信息、虚假购物、婚恋交友、投资理财、刷单中奖等多种诈骗手段。在案例的编写上，注重突出“四化一性”，努力给读者提供更好的阅读体验。一是剧本化，运用场景再现法，将受害人被骗的过程具体地描述出来，让读者如临其境，感同身受。二是生动化，检察官们一改法律文书写作中简练精确的笔风，用生动形象的语言增强案例的可读性。三是图解化，配以丰富的图片或漫画，以图释文，增添趣味性。四是时代化，与时俱进，尽可能选取能反映诈骗犯罪的新手法、新变种的案例，力求新颖；落脚点突出启示性，检察官对案件进行深层次剖析，力求举一反三，给人以警示和启发。

希冀本书能成为读者识骗防骗的宝典，提高读者对各种诈骗诱惑手段的警觉，让诈骗分子无隙可乘、无计可施，以期实现“天下无骗”。

本书编委会

目　录

第一章　贷款类诈骗

第二章　冒充身份类诈骗

第三章　购物类诈骗

第四章　投资理财类诈骗

第五章　婚恋、交友类诈骗

第六章 刷单类诈骗

第七章 赌博类诈骗

第八章 盗取信息类诈骗

第九章　业务类诈骗

第十章　游戏类诈骗

第十一章　中奖类诈骗

第十二章　其他类型诈骗

附：公安机关报案和自救途径

第一章　贷款类诈骗

【常见类型】

虚假贷款 App、虚假贷款网站诈骗；虚假代办信用卡诈骗；虚假调整利率诈骗；注销贷款账号诈骗；手续费、验资费诈骗；虚假信用逾期诈骗等。

【易受骗人群】

经济压力较大、有贷款需求的人群。

【作案手法】

诈骗分子往往会通过网络发布虚假的贷款或办理信用卡的相关广告，吸引被害人借贷，以“秒到账”“无利息”等噱头向被害人推荐 App 或者发送相关链接，诱使被害人填写各项信息，并以放款需要“手续费”“押金”等名义，让被害人先缴纳一定额度的费用，设置障碍诱导继续转账。待被害人发现被骗时，诈骗分子已经将钱款转移。

【防骗要诀】

贷款一定要到正规的金融机构办理，安装贷款 App 一定要通过官网或者正规的应用市场下载。如收到陌生号码发来的短信，短信中的不明链接不要点击进入页面，更不要在页面中输入个人信息、银行卡账号、密码等。正规贷款不会在放贷之前收取任何费用。

网贷

引诱——洗脑——套牢

1. 发广告：

办理贷款

信用卡

提额套现→引诱下载 App

2. 填写信息：

填写贷款信息→后台修改→告知填写有误→修改资料要交钱（保证金）

3. 等被害人发现贷款没到账→再用其他理由让被害人继续交费→不继续交之前的钱也不能退

注：本页内容引用自环球网文章《"杀猪盘""杀鸟盘""杀鱼盘"……快看！骗子"工作笔记"曝光了！》

第一节　验证资金

【骗术揭秘】

1. 迎合需求。诈骗分子以“无抵押”“无担保”“秒到款”“不查征信”等噱头，吸引被害人下载虚假贷款 App 或点击虚假贷款网站。

2. 收取费用。诈骗分子假借各种理由要求被害人缴纳“手续费、刷流水、保证金、解冻费”等各种费用。

3. 款到失联。诈骗分子收到被害人转的钱，便会关闭诈骗 App 或链接，直接消失。

【案例】

杨先生因为近期手头资金困难，正在发愁。一天，杨先生在浏览微信群时，看到一则贷款广告声称“无抵押、无担保、超低息，只需要下载指定软件后注册，贷款秒到账”。杨先生心想，试一试也无妨，便添加了广告上的微信咨询详情。

微信对方让杨先生根据提示下载注册某贷款软件。“客服”称:“如要贷款 15000 元需先支付 3000 元的验证资金，以此证明您有偿还能力。”为了拿到贷款，杨先生按要求缴纳“验证资金”3000 元，觉得这样就能轻易贷款还真不错。

这时，“客服”发来信息:“您好杨先生，经公司查询，您的资质审核失败。如果需要审核成功，需要您再支付 3000 元以证明您的还款能力。”杨先生紧接着又向对方转了 3000 元。可是，对方仍要求其继续转账，接着以银行卡“流水”不够、账户被列入“黑名单”等为由，不断要求杨先生缴纳其他费用。杨先生在多次缴款后发现仍无法放款，共损失 1.4 万元。

【检察官提醒】

诈骗分子正是较好地迎合了贷款人希望高额且便捷贷款的心理需求，才会屡屡得逞。诈骗分子往往会把贷款的要求条件压得很低，无须抵押、不看征信，甚至不作任何要求，在办理贷款的程序上也是极为简单；诈骗分子往往会以利息保证金、银行流水验资、手续费等各种理由，要求贷款人把钱转入指定的账户。

办理贷款，请通过正规渠道，选择有正规资质的平台。正规平台不会以任何名义主动要求转账。正规贷款平台 App 一般会上架到各大应用市场，通过扫二维码下载或者陌生人发来的 App 安装包，十有八九是虚假贷款软件。

第二节 代办服务

【骗术揭秘】

1. 诈骗分子通过网络发布虚假办理信用卡广告，吸引被害人填写个人信息，这些信息便会显示在他们的后台。

2. 诈骗分子获取被害人的信息后，冒充银行工作人员主动联系被害人，谎称可以代办高额度信用卡。

3. 诈骗分子以不用跑银行递交资料、审批迅速、简单快捷等便利条件吸引被害人上钩。

4. 诈骗分子以缴纳“制卡费”“手续费”“保证金”“验资”“制作流水”等各种理由要求转账。

【案例】

“哎，最近几年因为疫情影响，生意不好做，养家糊口都成问题了，有什么办法可以快速筹到一笔资金解决我生意上的燃眉之急呢？”王先生这段时间一直在为生意上的资金缺口发愁。

他闲暇时在手机上刷到一则广告，“无须等待，即可代办 20 万元额度的 ×× 银行信用卡。您还不心动吗？”真是瞌睡送枕头啊，王先生马上在该网站留下了个人信息。

几分钟后，网站“客服人员”打来电话：“您好王先生，我们这边可为您代办信用卡，我们的业务人员经验丰富，短期内即可为您办妥，但需要您提前支付点手续费，您看是否可以呢？”

王先生思考片刻就答应了：“需要支付多少费用？如何操作呢？”

“王先生可先支付 200 元的制卡费汇款至我们公司的账户，随后就会收到信用卡，然后我们有经理会电话告知您具体如何激活，并且教您如何缴纳保证金和提额。”

汇款后几日，王先生果然收到寄来的信用卡，紧接着又接到“客服人员”以及“信贷部经理”的电话，不断以“激活费”“保证金”“提额费”等名义要求王先生汇款。汇款后王先生才意识到不对劲，马上到银行查询，才发现该信用卡卡号不存在，收到的是假信用卡。

【检察官提醒】

千万不能相信代办信用卡的小广告。办理信用卡应通过正规渠道，目前正规的办卡渠道有银行网点柜台、银行官网、银行官方微信公众号等。实际生活中，几十万额度的信用卡非常少见，宣传可代办高额度信用卡很可能是诈骗。通常情况下，信用卡申请无须抵押或担保，但对申请人的信用要求较高，因此银行会设置一套严格规范的审核程序，对可能存在的风险进行严格把控，不可能出现只需一张身份证复印件就能办卡的情况。所有银行对信用卡申请的处理都是免费的，因此，一旦涉及“手续费”“制卡费”等收费要求，需提高警惕，谨防被骗。

第三节　利率调整

【骗术揭秘】

1. 假冒身份。诈骗分子往往冒充金融机构、互联网金融平台的客服人员。

2. 提供帮助。诈骗分子称被害人贷款利率违规，并向被害人出示伪造的个人不良征信报告，谎称可以帮忙消除。

3. 要求转账。诈骗分子以需要转账汇款进行验资为由，诱骗被害人在网贷平台贷款，提现后再向指定账户转账。

【案例】

“喂，林先生您好，我这里是京东金条客服，我们这查询到您之前开通过“京东金条”借款，现在国家利率下调，京东金条上面的利率高，我们这可以帮忙调整。”——“客服”。

“可是我并没有在京东金条里申请过贷款啊。”——林某。

“那您之前是否在其他银行贷过款？”——“客服”。

“我之前有在 ×× 银行贷款。”——林某。

“林先生您说的此类贷款也需要下调利率，否则将视为违规贷款，影响个人征信。”——“客服”。

“啊，这么严重的吗？那有什么办法吗？”——林某。

于是，林某便按“客服”的引导下载了“某飞听见”App 与“客服”进行语音聊天操作，一步步地走上了所谓的京东金条“客服”设计好的圈套里。让我们一起瞧瞧“客服”是如何得逞的。

首先，“客服”给林某发送了一个网站链接，林某按指引进入了一个名叫

“银保监会在线违规网贷注销服务”的网站，并且输入了自己的身份证号码，该网站显示他名下有三张银行卡都存在违规网贷。其次，“客服”告诉林某，必须将自己名下所有银行卡都开通网贷申请，然后将贷款转到“银监会”指定的银行卡，用以核减贷款额度和利息，降息成功后“银监会”将原路退还贷款。最后，林某在“客服”的诱导下进行贷款操作，从多个平台贷款共计7万余元，并全部转入“客服”指定的银行账户。但“客服”说林某仍存在违规贷款，要求林某继续去平台贷款，林某方知被骗。

【检察官提醒】

对各种平台“客服”来电要注意防范，不给诈骗分子可乘之机。诈骗分子所谓“不下调利率，将视为违规贷款”的说辞没有法律依据，无须理会。

第四节　征信告急

【骗术揭秘】

1. 假冒身份。诈骗分子冒充网贷、互联网金融平台工作人员，称被害人之前开通过校园贷等。

2. 制造恐慌。诈骗分子以不符合当前政策，需要消除贷款记录，如不注销会影响个人征信等为由，使被害人陷入恐慌。

3. 贷款转账。诈骗分子诱骗被害人在正规网贷网站或互联网金融 App 上贷款后，转至其提供的账户，从而骗取钱财。

【案例】

一个晌午，小王正准备午休，这时来了一个陌生电话："您好王先生，我是 ×× 网贷平台的客服人员。平台查询到，您大学期间注册过校园贷，但现在因为国家不允许借校园贷，因此必须马上注销掉原来的账号，否则会影响到您个人征信。"

小王心里很是纳闷，明明自己的校园贷早已还清，为何还要注销账号。正当他迟疑之时，"客服"马上准确说出了小王注册账户的时间，并晓以利害："是这样的王先生，如果您现在不马上注销原来的账号的话，不仅会影响您的征信，也会影响您的房贷问题。"

小王正准备买房，一听影响房贷，决定马上注销原来的账号。

于是，便按照对方的指示，下载了一个网贷软件，并在里面填写了自己的个人信息，随后就收到了一笔贷款，可是对方声称是操作失误，要求小王将贷款打到指定账户退还。接着，小王在 4 个不同的网贷平台借钱并转给对方，最终被骗近十万元。

【检察官提醒】

接到自称贷款平台“客服”的电话，若提到“在校期间贷款记录”“影响个人征信”“注销贷款账户”“清空贷款额度”等关键词，都极可能是诈骗。目前，相关部门并没有推出所谓的“注销校园贷”操作，只要借款后能够按时还清贷款，就不会影响个人征信。

第五节　会员陷阱

【骗术揭秘】

1. 虚假平台。诈骗分子会通过网页、私人发的链接或以扫二维码图片的形式诱导下载 App。有的骗子会仿冒正规的网络贷款 App，假的 App 图标与正规的很相似，名字一样，有以假乱真的效果。

2. 诱惑字眼。“当天放贷”“无抵押、无担保”“免押高额低息”等极具诱惑性的标语，精准切中广大急需资金群体的要害。

3. 收费放贷。放款前会以各种理由，诱骗被害人提交“手续费”“保证金”“解冻费”“验资费”等。

【案例】

“方先生你好，我是 ×× 金融平台客服，请问您是否有贷款需求？”

方某一听，心里乐开了花，他正好需要资金周转，于是便回复“需要”并向“客服”咨询如何操作。随即，他按照指引添加对方企业微信好友，并下载某款“贷款”App。

方某“按部就班”地在该 App 上申请贷款，正感叹现在贷款真是方便快捷时，收到对方发来的消息“我们公司邀请您加入会员，注册会员后并付费 1000 元即可。”并列举了成为会员的诸多好处。

方某听后心动了，付款后随即弹出来的网页显示方某已成为该平台的会员。紧接着，对方以手续费、证明还款能力等理由要求方某转账，并解释这是每个会员的例行操作。方某向对方转账 13.7 万元后，对方仍称方某不满足贷款条件不能放贷，随后便失去联系。此时，方某发现下载的 App 已无法登录，才发现被骗。

【检察官提醒】

办理贷款应选择正规金融机构，在官网、正规应用市场下载贷款 App；不要轻信陌生来源的网络贷款信息；正规的贷款平台都不会在放款前收取费用，也没有所谓“保证金”之说，贷款过程中要先付钱的，都存在被诈骗的风险。

第六节　逾期提醒

【骗术揭秘】

1. 诈骗分子冒充金融机构群发信用卡逾期的提示短信。

2. 被害人相信后联系“客服人员”，“客服人员”谎称可以帮忙消除。

3. 引导被害人做流水消除逾期记录。

【案例】

“您好，江先生，由于您的信用卡已逾期，为避免造成影响，需要拨打相关电话进行处理。电话是：×××××××。”江先生手机收到一条“某银行”的提示短信。

江先生以前也收到过类似提醒短信，但以前的短信没有留联系方式，江先生心想银行的服务更贴心周到了，便拨通了短信留下的电话。

“您好，江先生，您的情况我们已了解。现在的解决办法是：您需要立即转账还款才能将信用卡逾期情况清除。我们这边客服经理可以帮您快速清除，请问您需要现在操作吗？”

“麻烦你们现在帮我清除吧。”江先生说道。

“好的，只要您配合做流水，就可以快速清除不良记录，做流水的资金会原路返回您本人账户。”

江先生根据提示，第一次转账 12 元到自己的信用卡上，收款名按要求写了“解除征信”。第一次转账后，由于户名填写错误，银行退回了这笔转账。对方又让江先生进行第二次转账，这次是转到对方指定的银行卡。同样转账 12 元，由于对方提供的卡号有误，转账后 12 元又退回了江先生的账户。

这两次转账让江先生误以为用于删除信用卡逾期记录做流水的转账都会

退回到自己的银行卡。这时，对方开始让江先生转账大笔资金。江先生向对方的账户转入 39986 元，这次钱却没有回到江先生的账户。这时江先生才发现被骗，立刻报警。

【检察官提醒】

本案中，导致江先生轻信对方，最终转账大额资金的一个重要原因是骗子利用信息输入有误转账会被退回的这一机制，在小额转账时故意让其输入错误的户名或卡号，使款项原路退回，营造转账会被退回的假象，让其放下戒心，最后转账大额资金。

信用卡逾期未还时，发卡机构确实会通过短信、电话等方式提醒持卡人及时还款，本是方便持卡人的措施，却被诈骗分子利用，炮制虚假逾期提示短信，以假乱真，诱骗持卡人步入圈套。

收到“信用卡逾期”短信时要明辨真伪，不要点击短信中的链接或拨打短信中的电话，应该自行找官方渠道核实。所谓“做流水”能清除逾期记录的说法根本不存在，不要给任何陌生账户转账汇款。

第二章　冒充身份类诈骗

【常见类型】

冒充法院、检察院、公安局、行政部门工作人员诈骗；伪造官网、法律文书；冒充财政局人员发送诈骗短信称会计证过期未年审；利用QQ、微信等冒充亲朋好友请求帮忙转账；冒充房东收取房租；冒充税务局工作人员办理退税补贴；冒充领导请求帮忙；冒充驻外使领馆工作人员骗取钱款；冒充名人进行募捐；家长群冒充老师进行诈骗等。

【易受骗人群】

租房群体、学生家长、海外留学生以及辨别和防范意识较差的公民。

【作案手法】

诈骗分子往往能准确掌握被害人信息，冒充执法办案人员、亲朋好友、领导、房东、老师等赢取信任，最后诱骗转账、汇款。

【防骗要诀】

各种冒充身份诈骗的关键一环仍旧是转账汇款，广大群众在转账汇款时要提高警惕，一定要核实对方身份和所发送信息的真实性。可以通过拨打官方电话核实自称法院、检察院、公安局、行政部门工作人员的身份信息等情况。

“工作笔记”

公检法

拿料——亮身份——控制

1. 灰色渠道拿料子→联系目标

2. 亮明身份：公检法人员

话术：涉嫌洗钱、非法出入境等，配合调查

行为：展示法律文书，例如通缉令

3. 引导到独立封闭空间→配合调查、接收监管→将被害人名下资金转到安全账户

注：本页内容引用自环球网文章《“杀猪盘”“杀鸟盘”“杀鱼盘”……快看！骗子“工作笔记”曝光了！》

第一节　法院传票

【骗术揭秘】

1. 诈骗分子利用改号软件冒充当地法院的办公电话号码，以取得被害人的信任。

2. 冒充法院工作人员给被害人发送庭审提醒短信，以恶意拖欠贷款等理由使被害人产生恐惧心理，提升诈骗得逞概率。

3. 向被害人发送伪造的法院传票，准确写明被害人的个人信息，增强可信度。

4. 冒充法院工作人员电话通知被害人出庭，以不出庭不仅要偿还巨额贷款还要赔偿违约金等不利后果进一步恐吓被害人。

5. 编造借口要求被害人转账。诈骗分子以被害人可能是身份信息被盗为由，要求被害人配合调查，诱骗被害人登录网贷平台贷款，并转到指定账户。

【案例】

某天，梁某收到一条庭审提醒的短信，内容显示梁某恶意拖欠贷款，被告上法院了，还给他发来了法院传票的链接。梁某点击链接，果然看到一张传票，上面写着梁某的个人信息。梁某正疑惑，又接到一个电话，对方自称是“法院工作人员”，梁某看到显示是“区号 + 固定电话”，以为电话真的是当地法院打过来的，心里害怕。此时“法院工作人员”提醒梁某准时出庭。梁某又急又怕，连声解释自己没有恶意拖欠贷款。“法院工作人员”就让梁某添加微信了解情况。在微信上，“法院工作人员”告知梁某，称其在某平台上申请了贷款，至今没有还贷，若不信可以登录查询。梁某关注了骗子推来的贷款平台公众号，按照“法院工作人员”要求填写个人信息后查询到有 3000

元的可借贷额度，梁某忙问“法院工作人员”这是怎么回事。“法院工作人员”解释说因为梁某之前已经借贷了30万元人民币，3000元是剩下的可借贷额度。梁某再次说自己没有贷款，问“法院工作人员”该怎么办。“法院工作人员”又提出可能是梁某的身份被他人盗用借贷了，表示自己可以帮忙调查清楚，但要梁某配合。梁某连忙表示只要可以还自己清白，一定配合。“法院工作人员”要求梁某把3000元额度清空，提现到本人银行卡后再转回给金融公司，才能进行下一步核查这30万元是不是梁某借贷的。梁某深信不疑，按照要求转了3000元到指定账户。刚操作完，梁某就收到贷款公众号发来的还款提醒，梁某问“法院工作人员”这个还款提醒该怎么办，是不是真的要还款。“法院工作人员”安抚梁某说不用管，过两天金融公司系统更新就没事了。有了“法院工作人员”的保证，梁某就放心了。

本以为事情已经解决，可是两天后梁某仍旧收到还款提示，梁某赶紧联系“法院工作人员”，然而“法院工作人员”怎么也联系不上了。此时，梁某才明白自己的假贷款变成了真贷款，而借贷的3000元全都转到了骗子的账户了。

【检察官提醒】

法院传票是人民法院依法签发的要求被传唤人按指定的时间到指定的地点出庭参加诉讼活动或进行其他诉讼行为的书面文件。法院送达传票的方式有：直接送达、留置送达、电子送达、委托送达、邮寄送达、公告送达等，群众可从送达方式是否正规识别传票是否为诈骗分子伪造。作为被告，经传票传唤，无正当理由拒不到庭的，法院可以缺席判决。强调不领取传票会被强制拘传或其他严重后果的，定是诈骗无疑。

第二节　网络通缉

【骗术揭秘】

1. 诈骗分子通过非法渠道获取个人身份等信息，冒充司法工作人员给被害人打电话。

2. 编造涉嫌银行卡洗钱等事由，指引被害人登录伪造的司法机关官网，显示通缉令、财产冻结书等，使被害人相信和就范。

3. 要求被害人将钱款转至所谓的“安全账户”，或者让被害人提供银行账户和密码。

【案例】

财旺有限公司的财务管理人员廖大山（化名）正在办公室为准备发下个月的工资制作表格，一阵电话铃声打断了他的思路，看到是个陌生号码，廖大山来了火气，接通后大声说：“谁？”没想到电话中传来异常严肃的声音：“你是不是廖大山？”廖大山被镇住了，声音也不自觉地低了下来，说道：“我是，请问你是哪位？”对方继续严肃地说：“我是 ×× 市公安局的办案人员，我的警号是 ×12345。你涉嫌一桩特大洗钱案，已被公安机关列为通缉对象。”廖大山吓坏了，忙问：“警察同志您是不是搞错了，我一直都是守法公民啊。”“警察”详细说出了廖大山的职业、工作地点以及其他信息，并添加微信向廖大山出示了一张“网络逮捕令”，上面有廖大山的照片、身份证号以及公安机关“公章”，如果不积极配合公安机关调查，定罪后将面临重判。廖大山当即表态，一定积极配合。“警察”让廖大山证明自己没有参与洗钱。廖大山此时已被对方提供的虚假证件吓蒙了，而且在被“通缉”的情况下急于证明自己清白，同意按照“警察”要求登录所谓“最高人民检察院”官网将所在公司的账户进行备案，以便公安机关核查取证时进行资金清算，并在所谓的“最高人民检察院”官网下载“资金清算软件”，在软件页面输入公司账号和支付密码，并按“警察”要求将公司对公账户的U盾插入电脑，“警察”以资金清算需保密为由，要求其关闭电脑屏幕，廖大山照做后，过了一个小时，廖大山心想，这么长时间足以证实自己没有参与洗钱，于是重新登录公司的账号，结果发现账户中的50万元已经不翼而飞了，这才发现被骗，于是赶紧打110电话报警。

【检察官提醒】

“逮捕令”“通缉令”等法律文书不会上传至最高人民检察院官网，也没有所谓的“资金清算软件”。指令自行上网查阅“逮捕令”等法律文书，或要求下载“资金清算软件”的一定是诈骗。

第三节　年审通知

【骗术揭秘】

1. 以“财政办事处”“财政监督办”“财政局”“会计处”等名义发送诈骗短信，骗取被害人信任。

2. 编造会计证过期需年审等理由，发送伪造的网站链接，使被害人相信。

3. 引诱被害人点击进入虚假官方网站，要求被害人注册缴费。

【案例】

周末，某公司会计张小宝（化名）正在家里刷抖音视频，突然手机嘀的一声，张小宝收到一条新信息，他随手打开一看，咦，怎么是来自“财政局”的短信，短信称张小宝的会计证过期，要求其关注有关微信公众号查询会计执业状态。一开始，张小宝并不相信，会计证怎么会过期呢，以前都没有过这方面的信息，可他又想了想，自己的工作可少不得这张会计证啊，万一是有新政策自己还不知道呢，还是登录微信公众号查一下吧。于是张小宝半信半疑地按照短信提示的微信公众号进行了关注，登录上去一查，真的有他的个人信息，这下张小宝相信了。可网站显示他的会计证已经“过期未审验”，需要他按照要求登录指定网站报名考试、缴费参加继续教育，张小宝信以为真，在该指定网站进行缴费 3000 元，正准备参加学习，发现网站登录不了，张小宝这才反应过来是被骗了。

【检察官提醒】

诈骗分子对持有会计证的人员进行精准锁定，发送会计从业资格证的年审通知，引导被害人关注公众号“会计处”或者其他钓鱼网站，从而实施诈骗。根据2017年修正的《中华人民共和国会计法》，具有会计从业资格证书不再是从事会计工作的必要条件，“会计证”过期年审是诈骗话术。

第四节　江湖救急

【骗术揭秘】

1. 盗取社交软件账号。诈骗分子通过病毒、虚假链接等方式盗取社交软件账号，例如QQ号、微信号等。

2. 假冒亲朋好友。诈骗分子盗取社交软件账号后假冒亲朋好友，谎称急需用钱，要求帮忙转款，被害人信以为真，就会按照诈骗分子的要求转账到指定账户。

3. 高科技换脸。随着科技发展，诈骗分子的手段更加复杂多样，目前出现了利用QQ账号里的照片等个人信息甚至是使用AI换脸技术骗取被害人信任的案例。

【案例】

张某是个热心肠的人，平时朋友也多。某日，张某接到同学“王某”的QQ信息，说朋友生病急需用钱，但是自己的微信没有绑定银行卡，所以要把钱从网银转到张某的卡上，张某再通过微信转钱给自己的朋友。张某平时也看过防诈骗的宣传，知道当朋友叫你转账的时候要提高警惕，防止诈骗。所以张某要求对方发个语音确定身份。“王某”就和张某进行了10秒的视频通话。张某看到了“王某”，还能和“王某”聊天，就认为对方真的是自己的同学，于是答应帮助转款。“王某”先是发给张某一张银行卡转账截图，告诉张某已经将钱转进张某账号，但是会延迟到账。因为对方是自己的同学，张某并没有怀疑，也没有细看转账截图，并没有发现这是一张伪造的虚假银行卡转账截图。然后“王某”又发了一个微信收款二维码给张某，张某通过扫描“王某”提供的二维码转账16900元。

几天后，张某的同学王某群发微信告知朋友他的 QQ 账号被盗了，张某这才知道之前要求转款的并不是王某本人。那天和张某视频聊天的人是谁呢？原来是骗子利用王某 QQ 里的照片和一段声音极轻的语音来和张某进行了 10 秒的视频通话，骗取了张某的信任。

【检察官提醒】

诈骗分子盗取 QQ、微信等账号后冒充亲朋好友求助，已是老骗术了，群众对这个套路已经具备了一定的防范心理，有些会通过视频或语音连线进一步核实身份。哪知道诈骗分子盯上了越来越成熟的 AI 技术，在视频通话时借助 AI 换脸和拟声技术进行诈骗。对此，建议广大群众遇到熟人朋友通过社交软件请求汇款时，务必通过电话、见面等更多途径核实确认。

第五节　真假房东

【骗术揭秘】

1. 诈骗分子不法获取住户的个人信息。

2. 诈骗分子冒充房东向租户发送交房租的相关信息，导致租客信以为真。

3. 诈骗分子把银行卡账号发送给租户，以提前交房租、涨房租等借口要求租客转账。

4. 租客转账钱款至指定银行账户，诈骗分子切断联系方式。

【案例】

黎某认为天生我材必有用，一心想干大事，看不起那些辛勤上班的同学，毕业后几年没有工作也不着急，靠家中老人的不时接济，过着饥一顿饱一顿的生活。有天，他想到一条生财之道，用他的专业知识赚钱，这样也不枉他苦修四年计算机专业。他通过编写“爬虫”软件抓取一些租房网站中附近求

租者的信息，以“房东”的口吻向租户发送短信，称当月的房租需要提前交，并且在短信最后附上银行卡账号。部分租户信以为真，纷纷将当月租金转到黎某短信中提供的银行卡账号。当真正的房东要求租户交房租时，租户才发现上当了。

【检察官提醒】

在收到“提前交房租”的信息时，注意多方核对真假，谨防遇到“假房东”。建议通过见面交谈或者电话核实确认，非房东常用的号码或者社交联系方式需要多加留意是否为他人冒充。

第六节　高额退税

【骗术揭秘】

1. 广泛撒网。诈骗分子通过伪基站冒充税务局工作人员广泛发送短信寻找目标。

2. 高额退税。诈骗分子以高额退税补贴为由，引诱被害人到虚假网站填写个人信息、套取银行卡信息、验证码等，进而实施诈骗。

【案例】

陈先生是某公司高管，某日，陈先生收到冒充税务局的短信通知“××× 税务局提示：2022 年度个人所得税汇算申报工作已经开始。经税务系统显示，您有一笔 10000 元的退税，请您登录税务局指定网站（www.×××.com），根据提示操作办理，逾期将不予办理”，正好公司群里也正在通知大家要在 6 月底前完成年度个税申报。陈先生便信以为真，以为是官方的提示短信，便直接点击了短信内的链接。

由于以前也办理过个税申报，陈先生看链接跳转的网站页面也与以前的相似，便没有怀疑，直接按照上面的指导进行一步步的操作，输入了银行卡号、验证码等信息。过了几天，陈先生一直没有收到退税，反而有几笔不明支出，与同事聊天时才意识到被骗，遂报警处理。

【检察官提醒】

税务局等国家机关办理退税补贴均通过官方渠道进行，对办理退税补贴存在疑问时，应通过官方渠道进行核实，不要轻信“高额补贴”“代办秒过”等虚假宣传。

第七节　洗钱嫌疑

【骗术揭秘】

1. 获取信息打牢基础。诈骗分子自称是公安人员，能准确说出被害人的身份证号、联系方式和家庭住址，从而取得被害人的信任。

2. 威胁恐吓引起慌乱。诈骗分子谎称被害人名下的银行卡涉嫌洗钱、诈骗等，要求被害人配合调查，使被害人陷入恐慌，降低判断能力。

3. 展示道具赢取信任。诈骗分子为增加骗局“真实感”，要求被害人添加“民警”QQ或微信，发来警官证证实身份，要求被害人前往异地公安局接受调查或者主动要求连线视频做笔录，展示其警服、办公室、手铐等，让被害人深信不疑。

4. 资金转入“安全账户”。诈骗分子以配合各种调查、帮助洗脱罪名为由，循序渐进向被害人索要银行卡号、验证码等信息，再以资金审查接受监管等，要求被害人将名下所有资金，转入所谓的“安全账户”，最终达到骗取钱款的目的。

【案例】

某日，家住广州市的罗某接到一陌生电话，对方自称广州市公安局民警，声称罗某涉嫌参与北京市公安局正在办理的重大洗钱案件，需要配合北京市公安局的调查。

对方挂断电话后没多久，就有另一个电话打过来自称是北京市公安局的警官，电话里对方准确无误地报出了罗某的身份证号码等个人信息。罗某看到对方能报出自己的个人信息便相信了对方的警察身份。对方让罗某现在到北京市公安局自证清白，罗某觉得路程太远无法赶过去，对方便说可以跟领导申请给罗某在电话里制作笔录，因为该案件属于机密案件，需要找一个偏僻没人的地方制作笔录。

罗某找好地方后，对方让罗某添加微信，并在微信上主动给罗某发了一张警官证的照片。随后，对方让罗某进入一个微信群，在群内有人发了罗某的“协查通知书”“冻结管制令”“刑事拘捕令”“财力信用证明”，看到这些法律文书罗某当即慌了，只想快点证明自己的清白，便按照对方的要求通过链接下载一款 App 并绑定相关银行卡进行资金清查。接着，对方要求罗某将绑定银行卡里面的钱转账至公安机关的“安全账户”，只要证明没有问题后就会将钱转回来。罗某信以为真，便向对方“安全账户”转账 15.4 万元。

过了几天，一直苦苦等待还自己一个清白的罗某再联系对方时，却发现自己被对方拉黑了，且进入的微信群已被解散，这时罗某才意识到所谓的“资金清查”“安全账户”，不过都是骗子的骗钱套路罢了。

【检察官提醒】

公安机关侦查刑事案件有着严格的法定程序，制作笔录会要求当事人签名确认，不会通过打电话的方式制作笔录。一般也不会通过微信、QQ 等社交软件发送、展示相关法律文书和个人工作证件。目前公安机关等国家机关未设立所谓的“安全账户”“验资账户”，要求把资金转至指定账户的，很可能是诈骗。

第八节　领导的“忙”

【骗术揭秘】

1. 诈骗分子通过伪装微信头像、昵称等方式冒充被害人较为熟悉的身边领导，添加被害人微信，且对被害人信息了如指掌，让被害人深信不疑。

2. 诈骗分子获得被害人的信任后，以“有事急需用钱”“手机有问题”“卡号误注销”等理由，要求被害人帮忙转账。

3. 诈骗分子伪造转账凭证，谎称自己的资金已经打到被害人账上，只是跨行转账，需要24小时后到账，打消被害人垫付钱款的疑虑。

4. 诈骗分子利用被害人惧怕领导、碍于情面等原因，不好意思和领导当面或电话核实情况的心理，往往能顺利实施诈骗。

【案例】

某单位中层干部陈某收到单位“领导”添加微信好友的请求，让他受宠若惊，微信名称和头像均显示为“领导”本人，陈某未作任何怀疑，随即通过了申请。

“领导”说这个微信号是自己的新号。接着，“领导”说最近工作节奏比较快，询问陈某能否胜任其岗位。陈某马上回复表示目前的工作压力确实很大，但是在“领导”的带领下，工作在有序推进。最后，“领导”表示以后在工作上需要帮忙协调的，就发信息过来，能解决的会尽量帮忙处理。

经过一番嘘寒问暖套近乎后，“领导”说有事需向亲戚转账，但自己不方便直接转，要求先将资金转入陈某账户，陈某再帮忙转给亲戚。见“领导”要求帮忙，陈某立即在微信中输入了自己的银行卡号。随后，“领导”发来一张“转账记录”截图，证明已将资金转给了陈某，但转账时误点了延时到账，目前亲戚急用钱，所以想请陈某先垫付。

最终，在“领导”的不断催促下，陈某给“领导”亲戚转账6万元。后因“领导”的钱迟迟未到账，陈某在微信上再联系“领导”时，发现自己被拉黑，才意识到自己被骗。

【检察官提醒】

诈骗分子抓住受害人通常对领导敬畏、不敢质疑的心理，冒充领导实施诈骗，核心环节是编造理由让受害人转账，常使用“尽快”“立即”这些催促性的词语，既利用领导身份营造紧张气氛，又压缩时间降低受害人核实真假的可能性。在转账前一定向领导致电或当面求证，务必核实确认后再进行操作。

此外，要树立正确的人生观、价值观、政绩观，对可能涉及行贿受贿、利益输送等问题要坚决抵制。

第九节　使馆来电

【骗术揭秘】

1. 团伙作案，分工明确。诈骗分子通常会事先拟定一个“诈骗话术本”，按照“诈骗话术本”的设定分别扮演不同的角色，相互配合。

2. 提供准确的个人信息。诈骗分子事先通过非法渠道获取被害人的个人信息，向被害人发送个人信息，例如姓名、身份证号码等信息，并以此获取被害人的信任。

3. 利用被害人恐惧心理行骗。诈骗分子为了达到骗取被害人转账的目的，会对一些社会经验少的被害人进行威胁恐吓，例如涉嫌严重刑事犯罪，不配合调查就对其逮捕等。

4. 诱导被害人汇款。诈骗分子以帮助被害人“查清事实”为由，要求被害人配合，通常会叫被害人将资金转入指定的“安全账户”。

【案例】

李浩（化名）独自一人在海外留学。某天，他接到自称是“大使馆工作人员”的电话，对方能准确报出李浩的姓名、身份证号码等个人信息，声称李浩涉嫌违法，情况严重的话可能要引渡回国接受调查。李浩吓坏了，赶紧说自己没有做过违法犯罪的事情。“大使馆工作人员”说可以把电话转接到“某市公安局”，由“某市公安局”帮助他查清楚案件情况。

电话转接后，李浩向“某市公安局的何警官”极力辩解，希望警方帮助自己调查清楚。“何警官”说打国际长途电话太费钱，让李浩下载某视频会议 App 接受调查。随后发来“警官证”，让李浩彻底相信“何警官”的身份。“何警官”要求李浩配合“核查资金，自证清白”，向公安机关“安全账户”转账100万元，待核查完毕证明其清白后，资金将原路返回。李浩为了证明自己的清白，说愿意配合汇款，但自己没有那么多钱，需要向父母求助。“何警官”说刑事案件是保密的，绝不能向父母提及此案，泄露案件信息将立即逮捕李浩，其父母如果知道案情了也要被抓。于是给李浩支招，让他和父母说这是签证资金审核的费用。李浩害怕被逮捕，也担心连累父母，就不敢和父母说真话，而是以“签证过期，需要资金审核”为借口，要求父母转账100万元到“安全账户”。“何警官”收到转账后，通知李浩已经查清楚了，确实和洗钱案件无关，过几天后就会将那100万元转回到李浩的账号中。李浩不由得松了一口气，终于顺利洗清了嫌疑，感谢“何警官”明察秋毫。

到了第三天，李浩查看账户，那100万还没有转回来，就联系“何警官”，发现对方早已将自己删除，打“大使馆工作人员”的电话，也联系不上。李浩这才发现自己被诈骗了100万元。

【检察官提醒】

海外留学生遇到困难时可以求助中国驻外使领馆，但是中国驻外使领馆一般不会直接转接国内公安机关的电话，更不会叫留学生转账到指定账户。并非能准确说出留学生个人信息就一定是“中国驻外使领馆人员”。社会经验较少的学生在遇到类似问题时，一定要将真实情况告知父母和家人。

第十节　爱心捐款

【骗术揭秘】

1.“浑水摸鱼”。一些诈骗分子通过人数众多的场合，例如志愿活动、展览会、品牌开放活动等，利用公民线下广泛添加好友的时机，怀着不法目的添加好友。

2. 冒充身份。瞄准目标添加好友，并且声称自己是“名人”，利用群众对名人的崇拜和敬重心理，逐渐摸清被害人的性格，获取被害人信任。

3. 介绍活动。诈骗分子充分获取被害人信任以及摸清其非常有爱心的性格特点后，诈骗其有募捐活动，指引其到特定页面捐款。

4. 虚假捐款。诈骗分子伪造正规的基金会和捐款页面，引诱被害人大笔捐款后，拉黑联系方式以及关闭网页，获取钱财。

【案例】

李彦彦（化名）是一个非常善良的女士。闲暇时，她非常热心参加社会上各种各样的爱心志愿活动，她热情开朗，乐于在不同的活动中结识好友，不断扩大朋友圈。一次，李彦彦在所住的小区附近参加一个大型募捐活动，宾客来自社会各界，有明星、著名主持人、专家学者、大学生等，她现场添加了许多微信好友。活动结束后，李彦彦收到一条“我是刚刚活动中添加你好友的那个人，是现场著名主持人张某的助理王某”的好友申请，李彦彦欣然通过好友请求。王助理加了李彦彦微信后，时不时主动与她聊天，聊爱心活动、聊事业、聊生活，还把著名主持人张某的微信推送给李彦彦。李彦彦赶紧添加了这位“大名人”，看他的朋友圈，都是张某参加公开活动的内容。一天，张某微信告诉李彦彦，A 市发生了特大洪灾，他是基金会的联系人之一，希望李彦彦能捐一笔善款给“某某基金会”，帮助受灾群众以解“燃眉之急”，并发送了一张二维码图片叫其扫进去捐款。李彦彦在新闻上也看到了A市的洪灾事件，于是毫不迟疑点击链接进入捐款页面，在捐款一栏处输入20万元金额。后来，李彦彦突然好奇这次募捐活动有没有公示，于是微信询问张某捐款公示情况，发现自己已被张某拉黑。接着，通过官方渠道公布的电视台工作号码，询问著名主持人张某单位的工作人员，发现其添加的是假“张某”，王某也是假冒的助理，为A市募集赈灾资金是诈骗分子杜撰的。

【检察官提醒】

诈骗分子往往抓住人们对著名歌星、演员、主持人的追崇心理，假冒名人，利用名人强大的影响力实施诈骗。不要因为“名人光环”而轻易轻信陌生人的言辞，在人数众多的活动添加好友时，要注意核实真实身份，尤其是那些声称自己是某名人且主动添加好友的，一定要多一个“心眼”。进行网上捐赠时，要通过官方渠道确认募捐活动的真实性、正规性、合法性。

第十一节　群内“李鬼”

【骗术揭秘】

1. 通过群名搜索或引诱学生将诈骗分子拉入等各种方式加入家长群。

2. 潜伏一段时间，摸清老师的活动规律。

3. 利用时间差，冒充老师发起收款。

【案例】

最近，小学生轩轩（化名）在用妈妈的手机打游戏时认了一个大哥张三（化名），大哥带他升级，送他角色皮肤，还送了一些游戏装备给他。一天，张三大哥提出让轩轩用妈妈的手机微信把他拉入学校家长群。大哥平时对他这么好，轩轩哪好意思拒绝呢。

张三进入家长群后，观察班主任的活动规律，保存了班主任的头像照片备用。之后摸准了一个班主任没空看手机的时机，迅速将自己的头像换成班主任的头像，把群昵称修改为和班主任的一模一样，在群里发送收取资料费的消息，附上收款方式要求家长交费。家长们误以为张三就是班主任，根本没有人怀疑，纷纷交了钱。

【检察官提醒】

家长群已成为学校和家长沟通的重要途径，群里的老师和各位家长应加强群管理，勿随意泄露群二维码。群管理员可通过设置“加群验证”，防止骗子随意进群。学校收费一般不会特别紧急，不会要求家长短时间内缴费，家长看到“老师”发布收费信息时不要急着缴费，错开骗子利用老师没空看手机的时间差，也可以通过电话联系或者面对面的方式与班主任本人核实信息真伪。

第三章　购物类诈骗

【常见类型】

虚假退赔；网购退款；异地刷卡消费；以次充好验货；虚假网店等。

【易受骗人群】

网络购物群体、年轻网民、商家等。

【作案手法】

犯罪分子往往冒充客服或者网店商家，准确说出被害人的购物信息，并且谎称被害人购物存在各种“问题”，通过发送链接或者指引登录相应网站联系退款，要求输入验证码、个人信息等实施诈骗，或者虚构支付款项、订单等骗取财物。

【防骗要诀】

购物退款认准官方渠道，不要轻信客服打来的电话。接到自称电商客服的电话，一定不要轻信，更不要转账汇款，务必向官方平台进行核实。不要随便与陌生人开启屏幕共享功能，不轻易泄露自己的银行卡账号、密码、手机验证码等。

1. 商：早上好！我们是佛跳墙生产厂家的，请问有什么可以帮到你？

户：多少钱一箱？有没有货？

商：有货，请问你要多少箱？你是拿回自己吃，还是拿回去卖给别人？我们全国统一零售价是1800元一箱，如果拿回去卖的话我们可以帮你申请出厂价1450元一箱。但是，跟你说一下我们公司的规定，我们零售是全国统一的，你给客户不能低于1800元一箱，如果低于1800元，会扰乱市场体系，我们停止供货。另外，我们厂实行国家产品三包政策。请问你那边是哪里？是今天用还是什么时候要用？我要问一下我们派送员看今天几点钟的车发往你那边，请稍等一下，我给你回复。

2. 商：我们今天只有一趟车发往你那边（是××点的车，下午四点前准时送到）请问你现在要下单吗？那我现在问财务拿个账号给你，你转好了就截图发给我，我叫财务出货单到仓库装车，你那边是拿手机银行转账还是网银转账？要多久？

第一节　购物退赔

【骗术揭秘】

1. 假冒身份。诈骗分子自称物流客服，通过电话或者短信告知被害人快递损坏或者丢失，主动沟通赔付事宜。

2. 窃取信息。诈骗分子以查验银行账户是否可以正常使用等借口，要求被害人转账验证，甚至要求“共享屏幕”来窃取信息。

3. 款到人走。被害人一旦转账至指定的账户，网页便出现无法登录的情况，“客服”突然消失，甚至银行卡也有可能被盗刷。

【案例】

小何是个“购物狂”，经常在网络平台上购物。某天，她接到一个自称是某电商平台“客服”的来电。

客服说：“您好！是何女士吗？我是 ×× 购物平台的客服。您近期购买的快递不慎丢失，按照公司规定可以退款理赔。”小何接到电话后也没多想，就按对方指示下载了“Z 某”App，并开启了“屏幕共享”功能。

“何女士，请您查询一下您的银行卡账户是否能正常使用，以便我们把‘理赔金’打入您的账户。”

“您的账户第一次跟我的理赔账户对接，需要进行‘虚拟转账’测试，测试金额是 9000 元。”客服发来一个银行账号。

小何有点犹豫。客服笑着说：“请您放心，这笔转账只是测试，并不会实际转账扣费。”接着客服向小何报了自己的工号，并说：“这是我的工号，有问题可以随时找我。”

小何按要求向对方账户转去 9000 元，转账后立马收到银行转账提示短信，小何有点疑问，立刻向“客服”询问已经实际扣费的原因。

客服说：“这是您操作失误造成的，稍后转接‘银行工作人员’，他们很快就会帮你解决问题。请您留意电话。”

稍后，小何接到“银行工作人员”电话，说：“您的银行账户因违规操作被自动冻结，需要转账50000元‘解冻金’更新激活账户。我们向您保证‘解冻金’会在三小时内如数退还。”小何再次相信“银行工作人员”的话，转账该笔“解冻金”，然后继续到网上购物。

三小时后，小何没有收到退款信息，马上联系“客服”，但联系不到了。小何着急地打110报警了。小何哪里能想到，和她联系的“客服”和“银行工作人员”是同伙。

【检察官提醒】

如果快递丢失，物流公司一般会将等额货款赔给卖家（寄件人），再由卖家重新发货或者退款给买家（收件人），物流公司一般不会主动联系买家进行理赔。正常的理赔退款会原路返回，无须买家另行提供银行账号，更不可能让买家进行转账验证银行账号是否可以正常使用。在遇到自称是“客服”的人员一定要警惕，往往是诈骗分子的骗局，其说辞更不要轻易相信，遇到提出理赔、转账、解冻等问题，提高辨别能力。

第二节　退款诱惑

【骗术揭秘】

1. 非法获取信息。诈骗分子通过非法渠道获取群众在网络上购物的各种信息，接着联系被害人。

2. 联系“退款”。诈骗分子谎称网店出现交易问题，以退换货、重新确认、补偿等作为理由，要求消费者执行指定的操作，以打折来吸引消费者操作各种程序。

3. 实施诈骗。诈骗分子要求被害人使用贷款平台贷款，接着要求将钱款打入骗子提供的账号，谎称钱在完成退款交易后会转入被害人账户，被害人信以为真，遂按要求操作。

【案例】

李某热衷在网上购物，认为方便省事，种类繁多，任挑任选，而且价格便宜，服务周到。她常常满足于自己所买的东西，认为物有所值，尤其是平台的商家搞促销时，她常常能眼疾手快地“抢到”打折的“昂贵”商品。

某日，李某正在购物网站浏览商品，电话响了。一个甜美的声音在李某耳边响起：“您好，请问是李某吗？”

“是呀，有什么事吗？”李某说。

客服说：“我们查询到您最近在我们平台网购了衣服，生产厂家的设计师认为有瑕疵，厂家要求商家回收衣服，为了感激大家一直以来对厂家和商家的惠顾支持，我们会进行理赔，给您带来不便，非常抱歉。”

李某心想：“没觉得哪件衣服有质量问题，严重到需要退货的，但有钱退是好事。”于是就应了一声：“好！”

客服说:“我们赔款已经打到您的网购平台账户,现在要确认您的网购平台账户是否收到退款,系统授权理赔需要认证账户流水,您操作一下试试。”客服把流程说得很烦琐,并称可以加其QQ,在QQ教李某操作。

李某添加了对方的QQ,并在客服的要求下打开视频通话屏幕分享功能,客服能实时看到李某的手机屏幕。李某输入账号和密码,进入自己账户,但没发现有理赔退款到账。客服让李某退出登录,再进一次。李某第二次登录账户的时候,果然有理赔退款到账。

接着客服给李某发送二维码和银行卡卡号,要求李某在支付平台、银行的网上银行渠道打开借款功能,把钱(除赔偿之外)全部转入对方提供的账号。李某被骗10万元。

【检察官提醒】

诈骗分子往往会利用被害人经常网络购物的习惯，冒充电商客服告知被害人可以理赔、退款、换货，进而一步步引诱被害人登录相关网络、借款、转账。在日常生活中，如果遇到电商平台来电，告知购物可以理赔、退款时，应当核实自己的购物信息以及购买的物品是否有问题，如有问题，建议通过官方途径联系卖家，不要随便点击、扫描陌生人发来的链接和二维码。手机收到的验证码，不要轻易转告其他人。

第三节　代购礼品

【骗术揭秘】

1. 获取信息。诈骗分子预先通过各种途径获得商家的地址、店铺名称、联系方式等，主动联系被害人。

2. 虚假购物。诈骗分子假装向被害人订购商品，订购商品有可能是饭店订餐、订购红酒等。

3. 虚假转账。诈骗分子在订购商品过程中，接着让被害人向另一商家代为购物，伪造虚假的转账记录，让被害人以为代为购物是举手之劳，自己不会有损失，降低被害人警惕，最后把钱财骗到手。

【案例】

小李经营一家小餐馆，受疫情影响，餐馆生意较淡，最近他正考虑着是不是要结束营业以减少亏损。

他在没有客人光顾的餐馆里呆坐着，突然手机“铃铃铃”响起来。他接通陌生电话。

“你好，请问是 ×× 餐馆吗？”

“是啊。”

“我是 ×× 学校的，因为需要搞活动，想在你们餐厅订餐。”

“可以呀，什么时间，大概价位多少？”生意上门，小李精神一下子振奋起来。小李便热情地添加了对方微信，对方叫陈某，自称是 ×× 学校主任，双方聊得很顺利。

李某再次接到陈某电话，陈某想在餐单中增加鲍鱼，另外还想购买一些鲍鱼作为礼品。刚好小李餐馆没有鲍鱼，小李说：“抱歉，我餐馆没有货。”

“没关系，我再找找其他餐馆。”陈某说。

几分钟后，陈某再次打来电话：“我找到了鲍鱼商家，想请你联系鲍鱼商家帮忙购买，我们一次结账更方便，另外可给你支付 300 元手续费。”

小李心想，做个中介只是举手之劳，也可以拓展生意门道，于是就答应了。陈某将鲍鱼商家微信推荐给小李。小李联系鲍鱼商家，在微信上看了鲍鱼的样品、供货场景等，就跟商家讨价还价，订购 50 箱鲍鱼，需要支付 41500 元。小李联系陈某，要求陈某转 41500 元用于支付鲍鱼的钱。很快，陈某将一个转账证明发到小李的微信，然后跟小李说：“我已经转账 41500 元到你的账户，但对公账号转账会有延时，请三小时后再查账。”

小李丝毫没有怀疑，先自己垫资将 41500 元转账给鲍鱼商家购买鲍鱼，要求商家 1 个小时后把鲍鱼送到。但一个小时后，鲍鱼却没送到，小李联系鲍鱼商家，鲍鱼商家再三抱歉，说已经在来的路上，有点堵车。三小时后，鲍鱼没有送到。小李内心很忐忑，再次查账发现陈某转款也没有到账。小李再联系陈某和鲍鱼商家，电话一直在通话中，微信已被拉黑。

其实，陈某与鲍鱼商家为同一伙人，小李付给鲍鱼商家的 41500 元被骗了。

【检察官提醒】

在平时生活中，一些不法分子会假装向商家采购，通过虚假交易、发送伪造的转账截图，进而实施诈骗钱财。帮忙代购需谨慎，垫资购物更有风险，不要轻易帮对方垫资代购，买卖交易坚持钱货两清。在交易过程中，要保持警惕心理，无论对方有何种原因，在尚未确认收到对方钱款的情况下，不轻易帮对方垫资购物。对方发送过来的转账截图，也要认真查看是否真实，以免掉入虚假转账的“坑”。

第四节　二手交易

【骗术揭秘】

1. 低价吸引买家。诈骗分子在网站挂卖物品，把价格压低，进而提高曝光量，企图用低于市场的价格来吸引买家上当。

2. 交易地点、时间异常。诈骗分子想方设法绕过平台交易，选择线下交易。当面交易时，诈骗分子通常会选择晚上交易，交易地点一般为光线较为昏暗的地点，让买家无法在短时间内准确辨识货物。

3. 消失无踪。诈骗分子在与被害人完成交易后，随即拉黑或者删除被害人的联系方式，取得钱财后消失无踪。被害人最后无法与“卖家”取得联系，没买到想要的物品，又损失了钱财。

【案例】

小郑是一名大学生，经济能力有限，但又崇尚名牌，追求时尚。普通的手机，小郑看不上，想要购买一台新款的苹果手机，以便在同学中炫耀，但他没有足够的钱到苹果手机专卖店购买新的苹果手机。没法买到新款苹果手机，小郑内心有点憋气。

某日，他正躺在宿舍床上玩手机，心里还惦记着怎样能得到一台心仪的苹果手机。突然，他在某同城网站上看到一条转卖二手苹果手机的信息，无论是价格还是图片所示的手机都非常合小郑心意。于是，小郑拨通了卖家的电话。

“手机很新的，刚买不到一个月，家里人病了，急着筹钱，要不也舍不得卖。”对方说。

小郑让对方展示手机和手机的使用情况，感觉手机性能很好，就决定购买，小郑提出当面交易。

“我白天要上班，不能请假，只能晚上交易。”对方说。小李毫不犹豫答应了晚上 10 时见面，地点是离某医院很近的一条步行的林荫道。

晚上 10 时，小郑准时到达林荫道，难掩心中兴奋。这里树木掩映，很幽暗，对方把一个盒子和一张发票递给小郑，小郑见手机包装很新，而且完好，又有发票，就地看了一下发票，印章和手机店名称等信息很清晰，打开盒子也没有仔细检查手机，便付了款。

当小郑满心欢喜地拿着以超低价购得的手机回到学校，打开包装时才发现，这款手机除了包装盒子完好之外，里面的手机原来是一个模型，发票也是伪造的。其后，小郑通过平台对话框和预留手机号，都联系不到对方。结果是小郑被骗 3000 元。

【检察官提醒】

在二手网站、同城网站等网站交易物品时，并非所有卖家挂售的物品都是完好、正品、无瑕的，尤其是电子产品。一些不法分子会在网站低价挂售电子产品吸引大量的卖家，在交易过程中将电子产品以次充好或者以假充真而实施诈骗。大家在选购二手电子产品时，要采用正当的交易途径，选择正规网站或者正规店铺，不能因为低价而放松警惕，贪图便宜。网络交易时，不要跳出原有的交易平台。如果对方要求线下交易，要提高警惕，很可能是个圈套。

第五节　挂失登记

【骗术揭秘】

1. 提前获知个人信息。诈骗分子通过不法渠道，获得大量个人信息，如身份证号码等，进而确定诈骗的目标。

2. 谎称被害人银行卡被盗刷。诈骗分子联系被害人，在短信或者电话中告知被害人的银行卡有问题，需要挂失。

3. 诱导被害人点击诈骗链接。诈骗分子利用准确身份信息让被害人放松警惕，利用其急于保护财产的心理实施诈骗，推荐相关的网站让被害人登录，指引被害人点击诈骗链接进而获取其银行账户信息，最后成功转移钱款。

【案例】

一天，王女士接到自称是银行工作人员打来的电话。

“您好，请问是王女士吗？我是某某银行的工作人员，工号 ××。根据银行的消费记录显示，您的银行卡在某市消费了 ×× 元，请问是您本人消费吗？”

王女士想了想，自己没有去过某市啊，怎么会有消费记录，觉得奇怪，就跟对方说：“我没有去过某市啊，怎会有消费记录？”

“您的银行卡可能是被他人盗刷了，跟您核实一下身份信息。”王女士一听对方说出了自己的身份信息，信以为真，问对方要怎么办才好。

“您需要登录我们的银行网站进行挂失登记，稍后会给您推送一个网站链接。”王女士通过短信链接登录网址输入身份证号、银行卡账号、密码等信息申请后台账户冻结挂失。当王女士按照要求操作后再次拨打对方电话时发现无法接通，去银行查询发现银行卡内钱款 5 万元已经被转移。

【检察官提醒】

在生活中，如果遇到自称银行或者行政机关工作人员告知自己银行卡有问题并要求输入个人信息时，一定要提高警惕，要通过正规渠道联系对应的部门进行核实具体情况后再进行操作。一般以种种借口要求转移账户内资金的，多数是诈骗行为。不明链接不要点击，犯罪分子想要转移银行卡内资金，会诱导被害人点击诈骗链接，想方设法让被害人按照要求操作，如输入银行账号、密码、验证码等，最后转移资金。

第六节 跨境电商

【骗术揭秘】

1. 发布广告。诈骗分子通过在各大搜索平台推广含有“跨境电商”“0 基础”等关键词的广告，吸引被害人点击广告，主动进行联系。

2. 引导下载指定聊天软件。诈骗分子在与被害人成功联系后，会以“因地区原因，需要更换聊天软件进行沟通”为由，引导其下载指定的聊天软件。

3. 抛出诱饵。诈骗分子引导被害人注册电商店铺，待成功后发送仿冒官方的电子邮件，加深被害人信任。被害人收到订单后，诈骗分子会引导被害人到伪造的网站进行进货操作。

4. 不断下套。诈骗分子在后台暗中操作，让网店的订单量大增，让被害人在挣钱的激动中逐渐掉以轻心。随着订单金额越来越大，进货的金额也越来越高。

【案例】

钟某想要从事跨境电商生意，便在网上搜索“跨境电商”的相关信息。钟某点击了很多“跨境电商”广告链接，对方都没有热情地沟通，钟某不是很满意。这样过了十天半月，从事跨境电商生意的事没有一点进展。

某天，钟某点击了一个“跨境电商”广告的链接，“跨境电商的指导客服”很热情地与钟某交谈：“钟先生真是见多识广，深谙经营之道，了解大众心理，必定能赚大钱。”

客服的赞誉令钟某感到飘飘然，客服文雅的话语很合钟先生的心意。于是，客服引导钟某下载安装“ICQ”和“EMART”手机 App，并在“ICQ”App 上开店，在“EMART”App 上采购。其间，该“客服”向钟某发送链接指导其下单订货并发货。钟某的“网店”登记成功后，咨询的“买家”很多，可谓客似云来。

某日，钟先生收到“买家”下单的订单并提现货款 267 元，钟某便开始深信不疑。第二天再次有订单和货款。此后，钟先生在客服的诱导下开始加大投入，向“客服”提供的银行账号转账 233461 元进行采购货物，再到网店里把钱提现，发现网店里的钱提不了现，钟某才意识到被骗。

【检察官提醒】

在平时上网过程中，要擦亮双眼辨别各种开网店的广告和信息。诈骗分子会抓住一些群众想要开网店赚钱的心理，向被害人提供虚假网店注册服务，吸引越来越多的商家、资本入局。切记天下没有稳赚不赔的生意，不要轻信网络上的陌生人，更不要被贪财心理蒙蔽双眼，掉入诈骗圈套。网络开店广告不轻信，投入大量钱财需警惕。

第四章　投资理财类诈骗

【常见类型】

虚假投资理财网站；虚构股票内幕信息；“股票交流群”诈骗；在线理财培训诈骗；社交平台引导虚假投资诈骗；“美女”介绍投资诈骗。

【易受骗人群】

炒股群体等有网络投资意向人群。

【作案手法】

以各种投资理财信息吸引群众，并积极拉群聊天，编造有投资内幕信息、低风险投资、有高额回报等理由诱骗被害人，使用虚假盈利截图等让被害人下载他们的虚假投资软件进行投资。小额回报引诱被害人继续投资，在被害人投入大量资金后，关闭网站或拉黑账号。

【防骗要诀】

理性对待投资损益，不要盲目相信线上、线下各种渠道的投资信息，标榜“零风险”“高回报”的往往是骗局。投资理财最好到线下营业厅开户，并使用官方的投资软件。不要轻易相信所谓“炒股专家”或“投资导师”画的大饼。

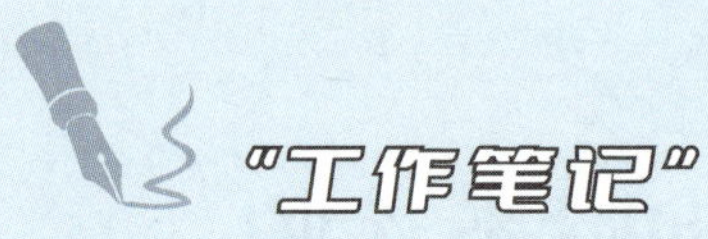

杀鱼盘

撇饵——钓鱼——杀鱼

1. 发布投资消息→吸引鱼进群→导师、顾问→高额回报

2. 钓（话术）：

“工作太忙，委托您帮忙管理一下投资账号”

导师指导操作→修改后台数据→展示收益截图→鱼开账户

3. 杀：

小额投资、返利→增加投资→无法提现（尽量拖延）

注：本页内容引用自环球网文章《“杀猪盘”“杀鸟盘”“杀鱼盘”……快看！骗子“工作笔记”曝光了！》

第一节　钱能生钱

【骗术揭秘】

1. 通过网络社交软件，如微信、QQ、抖音等工具发布投资信息。

2. 与被害人取得联系后，以高额回报诱导投资者参与投资，通过介绍经验、发布回报收益图表等方式获取被害人信任。

3. 向被害人提供虚假投资网站链接、App，诱骗被害人小额投资，回报高额利润，进一步获取被害人信任。

4. 被害人加大投入后却无法提现，钱财被骗取。

【案例】

刘先生是一位有着 10 年炒股经验的股民，平时热衷投资，手里一旦有点闲钱，就总想着如何“钱生钱”。2022 年 7 月，刘先生在抖音上看到有个自称“林老师”的人发消息。

“各位，你们现在的实力可能不行，但是只要跟着我投资理财，将来你们都会成为百万富翁、千万富翁。”

刘先生将信将疑地添加这位“林老师”的微信，在聊天过程中，对方不断向刘先生吹嘘其投资理财的产品，并发来收益图表。

刘先生被拉进了一个群里，群里有很多人分享他们投资理财的利润。看到这些人赚钱如此轻松，刘先生便尝试着打开对方发来的网络链接，按照对方的指引在平台上投资了 5000 元，平台很快就显示刘先生赚了 500 元，并成功提现。

尝到甜头后，刘先生不断加大投入，账户余额显示刘先生处于高额盈利状态。当刘先生满心欢喜地想要提现时，电脑上出现了提示框——“您的账户已经被冻结”。

怎么回事？刘先生赶紧联系平台客服，但客服没有任何回应，刘先生又联系“林老师”，微信提示“消息已发出，但被对方拒收了”，“林老师”也销声匿迹了。这时刘先生才意识到自己被骗，可惜为时已晚，几十万元的投入到头来落得竹篮打水一场空。

【检察官提醒】

投资理财应该到正规的银行、证券公司，切勿轻信网络上不明平台投资理财，谨防受骗。诈骗分子会制作以假乱真的投资平台，可以后台控制涨跌和限制交易，平台数据完全由他们操控。受害人在平台上看到的高额回报，实际上都是诈骗分子在后台操控后显示的虚假数据，实际上无法提现。正规渠道的投资理财才有安全保障，切勿贪图小利，选择来历不明的投资平台。

第二节　内幕信息

【骗术揭秘】

1. 诈骗团伙非法获取被害人的手机号码，与被害人取得联系，以有“内幕信息”等理由，引起被害人投资兴趣，接着取得其 QQ、微信等联系方式。

2. 诈骗分子将被害人拉入事先准备好的“内部消息群”中。诈骗分子以多个微信号分别饰演股民、专家，不断往微信群发送内部消息、牛股截图、盈利消息等。

3. 等到时机成熟时，再向被害人推销不同档次的内幕信息费用，最终实施诈骗。在骗取费用后，由专人冒充“专家”进行一对一指导购买。当投资者发现上当并要求退款时，便立即将投资者踢出微信群。

【案例】

李某是一个在股市摸爬滚打二十多年的老股民，他从年轻时就开始开户炒股，曾经也交过 6000 多块钱的学费来学习炒股知识，平时也是通过自己在证券公司开设的股票账户交易，有时赚钱有时亏钱。然而近两年，股市波动变幻莫测，李某节节亏损，很是着急。

直到今年 2 月，他接到一位“证券客服人员”的电话，听闻有股票“内部消息”可以透露，抱着反正不需要给钱听听也无妨的心态，加了这位客服人员的账号。但是李某怎么也不会想到，正是这个贪小便宜的想法让自己掉入了一个堪称魔幻的骗局当中，在这个骗局中他失去了大笔积蓄，为此后悔不已。那到底是什么套路让这位老股民损失惨重呢？这个噩梦开始于这位“证券客服”的“内部消息”，这位客服每天都会推荐一只股票，到了第二天这只股票就会上涨。对方坦言，他们知道“内幕”消息，所以才能精准选股，还说很多股民跟着自己操作一年半载，如今已经赚了好几万元到几十万元不等。

李某心动了，也尝试跟着买股票，果然赚了 3000 元。随后几天李某都跟着“客服人员”购买股票，每天都能赚到钱。到了第五天，这位“证券客服人员”告诉李某，想要继续知悉更多股票的内幕消息，需要交纳 6 万元的费用，才能再继续接收到荐股信息。李某心想，虽然 6 万元不是笔小数目，但是如果每天都能获得内幕消息，相信没几天就能连本带利赚回来。李某将 6 万元打给对方，然后急切地等待着内幕消息的到来，满心欢喜等待获利，但最终等来的是对方将其拉黑，这时李某才如梦初醒。

【检察官提醒】

股票投资有风险，有盈利也有亏损。诈骗分子正是利用股民幻想只赚不赔的心理，兜售所谓的“内幕信息”，诱骗股民花巨资购买。标榜有“内幕信息”的说辞很可能是诈骗话术。第一，陌生人掌握内幕信息分享给陌生的你，不符合常识常理。第二，《中华人民共和国刑法》第 180 条规定了内幕交易、泄露内幕信息罪，哪怕是提供了真实的内幕信息，也会涉嫌犯罪，建议股民果断拒绝。

第三节　专家推荐

【骗术揭秘】

1. 将被害人拉入“投资”群聊，以听取“投资专家”“导师”直播课等方式，编造掌握漏洞、回报丰厚等谎言。

2. 在群内安排同伙分享投资高回报实例，制造从众效应。

3. 诱导被害人在其提供的虚假网站、App 投资，初步小额投资成功，高利润回报，诱骗被害人加大投入。

4. 被害人投入大量资金后，即出现无法提取现金或全部亏损的情况。

【案例】

王女士日常喜欢炒股，但总感觉不得要领，于是决定在网上学习炒股技巧。今年 3 月，她在某平台听了一位“资深专家”的分析，感觉深受启发。“资深专家”推荐王女士进入了某微信群。

“今天推荐 ×× 股。”

群里面有一个老师每天都会推荐股票。群里面有一半以上的人都跟着老师操作。

“老师推荐真准。”

“我也买了，感谢老师推荐。”群里的人你一言我一语。

这些人还每天都发送盈利截图，都在说赚了多少和感谢老师的话。老师也在群里互动说：“感谢大家的信任，以后会一直免费给大家推荐股票，希望大家都能多赚点钱。”

王女士也跟着操作了几手，小赚了几笔。过了几天，老师不再推荐股票，群里面的人纷纷问老师为什么这几天没有推荐股票。老师说：“最近股市行情不好，可以推荐 ×× 期货平台，有兴趣可以跟进。以后有机会再给大家推荐一些平台。”

“我转过去，怎么操作？”

“我也转了。”群里面的人大部分都表示转过去操作了。

老师说：“转过去期货平台操作的留在群里，不转过去的要被踢出群了，不好意思。”

王女士看到这么多人都相信老师，想着老师以前推荐的股票也确实赚钱了，于是跟着去 ×× 期货开户。之后老师每天还在群里喊单，教大家操作。

开始还能赚一点，大家操作也比较积极，后来就经常出现亏损，老师跟大家解释说是失误，再加上以前老师也推荐错误过，但是大多数都是对的，所以王女士也没怎么在意。继续跟着老师操作，但又连续亏损了几笔大额操作，直至爆仓。

“老师，最近总是亏钱，怎么回事？”群里面有人问老师。老师也出面跟大家道歉，说是自己最近状态不太好，给老师几天时间调整一下，再带着大家一次把亏损的钱都赚回本。

过了几天，“大行情，大家注意，这把赚回来。”老师在群里提醒所有人。很多人都跟着操作了，并且把操作截图发到群里面，王女士也跟着操作了，想着赚回以前的损失就不再投资了。

没想到，再一次爆仓了。王女士算是亏得血本无归，再一次去群里找老师理论，但群里面的人都在帮着老师说话，并且还叫嚷着要把王女士踢出群。这个时候王女士才知道，原来平台群里这些活跃的人都跟老师是一伙的，真正亏钱的只有自己一个，眼前的亏损原来是被黑期货平台骗了，这些人都是设计好的，等着王女士上钩。王女士后悔不已。

【检察官提醒】

诈骗分子建立专门针对被害人的虚假“股票交流群”，群内除被害人外，其他人可能都是跟诈骗分子一伙的。检察官提醒投资者：一是要注意股票群的来源，是不是通过正规的渠道和方式加入的，比如通过官方网站、正规券商、知名媒体等，如果是通过陌生人邀请加入的，就要小心了。二是要注意群内发言的内容，是否真实，是否有价值，是否有风险提示和免责声明等，如果是一些空洞的或者夸张的言论，就要警惕了。三是要注意股票群的目的，是不是为了帮助投资者学习和交流，如果是为了让投资者跟从他们的操作或者消费的，就要拒绝了。

投资者要保持自主和独立的思考能力，不要盲目地相信或者跟随别人的意见和建议。要有自己的判断和决策，根据自己的风险承受能力，合理地分配资金和配置资产，控制仓位和止损。

第四节 培训课程

【骗术揭秘】

1. 诈骗分子在各大网络平台大量发布名为“理财课”“财商课”等在线教学课程的广告，以免费或极低的价格吸引投资者。

2. 投资者报名后，诈骗分子极力推荐价格不菲的进阶精品课程，名为授课，实为推销。

3. 被害人购买进阶精品课程后，发现与广告严重不符，内容粗制滥造，毫无价值。

4. 当被害人按照广告承诺的“如认为课程价值低于价格，可全额退费”要求退费时，却很难维权。

【案例】

25 岁的小高在一家外企工作，两年下来攒下一些积蓄，尽管之前他没有任何理财经验，但抱着“你不理财、财不理你”的心态，他想尝试学习相关知识。

今年 3 月，小高在网络上看到一则广告：

“一元钱就可以获得专业私募基金理财师的直播授课和社群服务”

“专业助教微信独家理财指导”

“免费领取专业资料”

“适合所有想要赚钱的人，包括理财小白、上班一族、月光一族等人群”

看到课程介绍的推销链接中还附有不少学员的好评，于是小高报了名，购买课程，并添加了课程助理的微信加入群聊。进群时，群里已经有几百人。

直播第一天，有两三千人同时在线。“在直播授课过程中，有一半的时间老师都在推荐进阶的精品课程，与其说在讲课不如说在推销。”小高觉得，光看题目让人觉得课程的指导性很强，但实质上讲的都是一些非常基础的概念，精髓的部分都不会展示。

“某某高阶理财课程推荐”“某某精品讲解”在群聊中，小高每天都会收到这样的精品课程推荐信息，价格从 2000 元到 8000 元不等，分为基础班、协议班、火箭班等。不时还会有人在群里发送付款截图，并声称听完这些课程“自己躺着就能赚钱”。

小高也购买了进阶课程，发现并没有想象中好。课程一共有 20 节课，每节课时长大概只有 10 分钟。主要讲的是如何在经济上“开源”的方法，如怎样找兼职、培养技能，而类似的内容在很多社交平台上都可以找到经验帖。

他联系“班主任”要求退费，得到的反馈是“可以再加点钱购买更高阶的课程”。小高坚持退费，但“班主任”拉黑了他的微信。随后，小高找到客服人员要求退款，客服答复“课程为音频录播课，购买后无法保证没有使用，因此不予退款”。这时，小高才发现自己被骗了。

【检察官提醒】

结合大量金融争议纠纷案件来看，诈骗分子开设的理财培训机构都是为了迎合潜在投资者想走捷径的投机心理进行夸大宣传甚至虚假承诺。投资本身具有专业性和风险性，通过非系统性的十几天时间学习就能实现财富自由，极可能是虚假宣传。

投资者在报名在线理财培训课程时，要重点关注培训机构是否合理制定宣传策略，是否夸大或承诺培训效果，是否对教育、培训效果作出保证承诺，是否在合同中明确约定合同履行的内容和收费退费方式，避免自身权益受损。

第五节　稳赚不赔

【骗术揭秘】

1. 诈骗分子通过网络社交工具锁定有投资意向的被害人。

2. 取得联系后，通过聊天交流投资经验，以自己投资获得丰厚回报吸引被害人上钩。

3. 诱导被害人到虚假网站投资，被害人投入资金后，以取款需要投资限额、保证金等理由，诱骗被害人继续投资，实则资金已经全部被转移，根本无法取出。

【案例】

刘某对投资理财比较感兴趣，梦想着通过理财实现暴富。一天上网，刘某随意点进了一个投资网站，认识了网友曾某。刚开始他们就聊了一些关于家庭和收入的事情，渐渐地双方熟悉起来。

“你好像对投资有点兴趣，我在证券公司上班的，平时在一些平台投资，也赚了一些钱。”曾某通过和刘某聊天，发现刘某有意向投资。

“是吗？赚了不少吧？”

“做了两年，投了大概 28 万元，现在账户有 43 万元。”曾某说。

“赚了 15 万元？有那么好赚吗？”

“要不你上我账号看看？刚好我最近忙公司证券的事情，你也可以帮我操作一下。”

刘某同意了，按曾某指引点击网址，登录到一个平台，用曾某的账号登录进去帮忙操作。慢慢地，刘某发现这个平台的交易类型类似于合资购买股票、期货，于是就按照曾某说的去购买交易，操作了两三天后，发现这个平台充值后能提现，非常容易赚钱。刘某动心了，于是使用自己的信息注册了一个账号，按照平台的提示，开始充值操作。

第一次刘某充值 2000 元，操作了一番后平台上显示有 200 元的收入，于是刘某就尝试提现，平台提示成功提了 200 元，过了一会刘某的银行卡上到账 190 元，因为平台要扣除 5% 的手续费。通过这次提现，刘某发现这个平台赚钱很好，便在该投资平台追加充值 5 万元。过了一段时间后，平台显示刘某获利 2 万元，当他再次操作提现时，该平台以需缴税、保证金为由，要其充值 3 万元继续投资，否则无法提现。刘某这时才发现被骗，充值的 5 万元已无法收回。

【检察官提醒】

投资本身具有风险与收益并存的特点，而且高收益常常伴随着高风险。现实中可能会有成功投资理财的例子，但不要羡慕他人投资赚取高额回报，梦想从投资“小白”迅速变成“理财高手”。要了解所投资产品的详细信息，冷静评估自己的风险承受能力，理性对待高额回报的诱骗，选择与自己风险承受能力相适应的正规理财产品。

第六节　美女的秘籍

【骗术揭秘】

1. 冒充“美女”。诈骗分子往往冒充一些年轻貌美的女性，结识被害人，并逐渐获取信任。

2. 介绍投资。诈骗分子在充分获得被害人信任后，告知对方自己经常投资，赚了很多钱。

3. 注册账号。被害人在诈骗分子诱导下，注册投资账号进行投资，发现果然“获利”。

4. 无法提现。被害人在期货网站进行投资获利后，尝试提现，发现无法提现。

【案例】

2023 年 7 月 25 日，王军（化名）在某短视频平台上认识一陌生女子孙雨（化名），孙雨每天都找王军聊天，嘘寒问暖，王军很感动，两人迅速发展成“网恋”关系。其间，“女友”孙雨时常有意无意地提到自己有一个赚钱捷径，在某平台炒基金，近些年来赚了几十万元，并向王军详细介绍了这个投资平台，收益高、风险低、随时可提现，还邀请王军一起投资。于是王军在孙雨的帮助下开始在某平台炒基金，孙雨告诉了王军很多“秘籍”，王军很快就赚了一笔小钱，并成功提现。尝到甜头后，王军相信了这个赚钱的捷径，越发信任“女友”，于是先后多次追加投资达 50 余万元。当他准备将赚到的钱提现出来，然后再抱得美人归时，却遭到了平台的限制，他赶紧联系客服，客服称提现需先缴纳利润 50% 的税费，王军觉得税费过高，便联系孙雨，孙雨要王军缴一半税费，另一半由她代缴，王军充值“缴纳”后仍不能提现，再次联系孙雨，发现已被对方拉黑，这才反应过来自己被骗，最终落得人财两空的下场。

【检察官提醒】

许多诈骗分子“改头换脸”“切换”性别，伪装成年轻貌美的女子，吸引男士注意，在进一步交往中以建立感情降低被害人的防范意识。对于在QQ、微信、抖音等社交工具上添加的好友，要保持高度警惕，增强自我防范意识，不要轻易相信“年轻貌美”的身份。对方提出的投资建议要谨慎对待，充分了解后再做决定。如果出现先支付税费、手续费等要求，则更需警惕，核实无误后才能支付。

第五章　婚恋、交友类诈骗

【常见类型】

网上婚恋交友诱骗转账、汇款；网上交友诱骗在平台消费；网上直播刷礼物等。

【易受骗人群】

未婚、离异以及其他单身人群等。

【作案手法】

犯罪分子往往在网络上“改头换脸”，伪装成年轻貌美的年轻女性或适龄人群，瞄准特定的群体，一步步发展成男女关系、婚恋关系，在“确定关系”后，利用甜言蜜语以及“画饼”“卖惨”等手段哄骗对方心甘情愿转账汇款、赠送礼物等。

【防骗要诀】

因网络具有匿名性、隐蔽性、虚拟性等特点，让人不容易辨别屏幕背后用户的真实身份。网上交友要提高警惕，不透露个人信息，涉及转账汇款、充值、赠送礼物等情况，多问一问，多想一想，不轻易转账、消费。

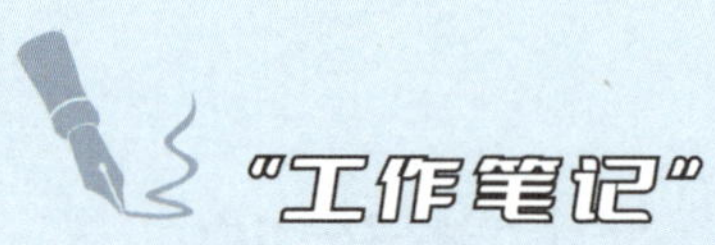

杀猪盘

找猪——养猪——杀猪

1. 找：

收集高富帅、白富美的诈骗；

设计剧本、包装自己；

婚恋交友网站发布信息；

吸引"猪"的兴趣

2. 养：

联系；

聊天时多用帅照、丰富的人生经历撩她；

早中晚多关心她；

建立好感，向恋爱转变

3. 杀：

话术：遭遇变故急需用钱、维持恋爱关系→索要钱财根据财力情况，继续变换话术，让她转账

注：本页内容引用自环球网文章《"杀猪盘""杀鸟盘""杀鱼盘"……快看！骗子"工作笔记"曝光了！》

第一节　消失的她

【骗术揭秘】

1. 取得信任。骗子会先想方设法添加你为好友，频繁与你聊天，让你对其产生信任。有些骗子甚至会对你关怀备至，让你对他（她）的信任更深。

2. “改头换脸”。运用 AI 技术，电脑合成实时画面和语音，让被害人降低防备之心，最终轻信他人而上当受骗。

3. 请你“帮忙”。等到关系稳定后，骗子以各种理由让你帮忙渡过难关，实为引你上钩！

4. 销声匿迹。等到被害人恍然大悟，想与对方商量还钱，骗子以各种理由搪塞，随后消失得无影无踪，微信、QQ 等网络通信工具都被拉黑。

【案例】

1. 寻找目标，获得信任

被害人钟某与许某在网络上认识，发展成男女朋友关系，之后相互添加联系方式，在视频聊天中看到对方是一个“可爱黏人”的甜妹，一句句“哥哥我超甜”令被害人钟某意乱情迷，对“人美声甜”的“女友”有求必应，不断给对方购买手机、电脑、化妆品等物品。

2. 巧舌如簧，骗得钱款

2019 年 7 月至 2021 年 7 月，许某给被害人钟某发送微信：“哥哥，我好害怕，我不小心弄伤别人了，对方要求我赔偿，还说要让我坐牢，怎么办呐哥哥……”被害人钟某知道后心急如焚，生怕自己的心上人遭受牢狱之灾，火速打款让许某用于赔偿、疏通关系、治疗腿伤等。许某陆续以自己和虚拟的“干妹妹”“管教民警”“主治医生”等名义通过微信、电话骗取被害人钟某钱财，共计 70 余万元。

3. 逃之夭夭，消失的她

又是平静而美好的一天，被害人钟某一如往常给心上人发去早安的问候“宝贝早安”，眼前的红色感叹号和一直打不通的电话却令他久久无法回神，“相爱已久”的妹妹消失了，自己迎娶女神的美梦也破碎了……钟某如梦初醒，至此方知自己成了“大冤种”，原来在视频聊天中看到的甜妹只是 AI 技术合成的虚拟人像，消失的“她”再也不会回来了。

【检察官提醒】

随着网络技术日益发展，网络社交软件可以让任何人变身“高富帅”“白富美”，骗子通过非法渠道获取被害人相关信息后，主动添加被害人好友，披上靓丽的外衣，实施诈骗行为。在网络上眼见未必为实，网上的“爱情”不一定牢靠。此类诈骗绵里藏针，不易辨别，需要仔细甄别对方真实身份，切莫轻信网友的花言巧语，对于金钱往来更要小心谨慎。

第二节　甜蜜爱人

【骗术揭秘】

1. 冒充美女交友。主要是通过社交软件添加被害人，平时，这些“键盘手”的任务就是顶着美女头像，扮演事先设定好的人设，打着“谈恋爱”的名号与其他男性聊天，根据既定话术与被害人迅速建立感情。

2. 平台 PK 求助。犯罪分子和被害人有了一定的感情基础后，谎称自己正在某平台直播，邀请被害人来观看直播，并以需要完成 PK 任务为由，要求被害人充值刷礼物，以此来实施诈骗。

【案例】

耿先生在网上结识了单身女网友小刘。初相识时，小刘自称在一家宠物店工作，每天与耿先生分享工作、生活中的点点滴滴。由于小刘热情主动，两人相谈甚欢，感情迅速升温，耿先生已经把小刘当成了心目中的理想新娘。

小刘告诉耿先生自己刚找到一份新工作，在某网络平台做主播，需要进行连续三场 PK，如果获胜的话便可以通过试用期顺利转正。前两场直播，小刘分别一胜一负，第 3 天晚上，耿先生突然收到小刘发来的信息，“宝宝，刚才总监打电话说，我被同事追上来了，你要是能帮我再刷一个，我就稳了，到时候我拿到工资就来看你。”小刘同时还承诺将耿某充值的金额全部返还。因小刘在网上形象好、温柔善良又勤劳，耿某没有多想，便在其直播的 App 内充值了 4 万余元，全部用来刷礼物打赏了小刘。

虽然耿先生鼎力相助，但小刘最终还是没能赢下最后一场 PK，因此未能通过考核。“我真心喜欢你，但我不知道你是不是真心想跟我从恋爱到结婚，还是说……我只是你刷礼物的一个粉丝？”在此之后，无论耿先生如何嘘寒问暖，小刘始终不予回复，这时，耿先生意识到可能被骗，于是来到公安机关报警。

【检察官提醒】

素未谋面的网友变成了知冷知热的“甜蜜爱人”，诈骗分子通过网络直播平台，以恋爱为由，诱导受害人充值打赏。被害人为了博取好感，不惜重金打赏，但依靠金钱换来的“爱情”，随着金钱的消失必然淡去，更何况对你嘘寒问暖的“美女”，也许是五大三粗的大汉。检察官提醒大家注意网络的虚拟性，请擦亮眼睛，以免人财两空。

第三节　以爱之名

【骗术揭秘】

1. 伪装身份。犯罪分子将自己包装成“高富帅”“白富美”等形象，选择单身、离异人员为作案目标。

2. 甜言蜜语。犯罪分子为获取被害人信任，会花言巧语，各种关怀，迅速发展成情侣关系。

3. 编造理由。犯罪分子以手头紧张、急用钱、账户受限等各种理由向被害人借钱。

4. 网上消失。被害人按要求转账后，再次联系对方，发现已被对方拉黑，无法找到对方。

【案例】

蒋女士离婚多年，一直单独生活。某一天，她在家中通过交友 App 认识了一个男子。

“你照片的衣服很符合你的气质。”对方发来信息。

蒋女士也看看对方的信息，对方头像看着很帅气，资料显示对方主要从事贸易工作，蒋女士便添加了对方微信好友。刚开始的时候，蒋女士对这个男子并没有太多的期望，只是抱着试试看的心态和他交流。随着时间的推移，他们之间的聊天变得越来越频繁，也越来越深入。

渐渐地，蒋女士发现自己对这个男子产生了一种特殊的感情，每天都迫不及待地等待着他的信息。在微信里聊了大概半个月，也通过网络视频聊天互相熟悉了，之后便以男女朋友相称。

某天，这名男子在微信聊天中称其支付宝绑定的手机号码更换无法提现，让蒋女士先给其微信转账，自己稍后再通过支付宝把钱还给蒋女士，并把自己的身份证号发来获取蒋女士信任。

蒋女士随即为该男子的微信账号里转入人民币 5000 元，对方发来消息：“谢谢亲爱的，过两天资金流转宽松了，我就马上转回给你。”

“不着急，你先忙。”蒋女士说。

……

“亲爱的，之前跟朋友投资的项目套住了，正在想办法解套。”

“有个不错的投资，我银行账户转账受限了，亲爱的，能帮帮忙吗？”在接下来两个多月，该男子都是以诸如此类的理由让蒋女士多次转账。合计共 20 余万元。

最后，蒋女士发现该男子对自己的态度越来越冷淡，便催促其还钱，但是该男子随即将蒋女士删除好友，再也联系不上。

【检察官提醒】

交友软件如雨后春笋般涌现，在闲暇之余拿出手机登录交友软件找人聊天的人也越来越多。网络世界虽然相对自由，谁也无法判断屏幕后面的人是一个什么样的人，图片、视频等这些所谓眼见为实的东西都可以伪造，更不用说出身、学历、工作等身份信息。甜言蜜语、嘘寒问暖总会有所图，或是情感，或是钱财，当对方向你提出借钱等要求时，一定要警惕，保持头脑清醒，谨防被骗。

第四节　同城约会

【骗术揭秘】

1. 犯罪分子以发布广告、链接等形式，引导被害人下载“交友”App，多针对单身男性。

2. 在“交友”App上发布虚构的交友对象，一般采用美女图像，虚构身份，引诱被害人。

3. 设置条件，被害人要想与所谓的对象联系，必须满足App设置的条件，诱导被害人消费。

4. 被害人充值后，继续设置条件，迫使被害人继续充值，扩大损失。

【案例】

王先生在刷抖音时，看到了一则交友App广告，按照广告上的二维码下载了名叫“某聊”的交友App。注册登录后，该App的客服给他发送了多张美女照片，让他挑选可以免费同城约会的对象。太多美女了！简直挑花了眼！王先生挑选好照片，被客服告知，“尊敬的王先生，感谢您的支持，但如欲开通聊天功能，需注册会员并完成三次押注垫付任务”。

王先生按要求照做后，对方又开始以补齐信誉分、开通大额提现通道费用等为由，要求王先生不断转账。王先生为挽回之前垫付的钱，给对方转账9次，共计26万元，却始终未能约到心仪对象，且之前垫付的资金也迟迟未能回款，终于意识到被骗。

【检察官提醒】

爱情是需要你在现实中努力去追求的，追求虚拟爱情的轻松愉悦，也许你已经被下套。交友 App 鱼龙混杂，以各种任务、手续费等形式要求付款的很可能是诈骗。一旦被骗，不要幻想可以通过继续充值挽回损失，继续充值只会增加损失，应该立即报警，通过法律途径维护权益。

第五节　温柔主播

【骗术揭秘】

1. 伪装身份。诈骗分子通过直播平台，以虚假照片、虚假视频等虚构身份进行伪装，扮演美女进行“直播”，吸引重点人群，例如单身群体、大龄男士等。

2. 发展“关系”。诈骗分子通过假冒身份，制定话本，甚至模拟语音通话，与男性网友谈感情、搞暧昧，骗取被害人信任。

3. 索要财物。诈骗分子通过直播或者平时密切联系，逐渐取得被害人信任后，通过刷在线直播虚拟礼物，购买“情侣”礼品、帮忙支付购物链接等，诱骗被害人消费，索要和诈骗钱财。

【案例】

1. 产生违法犯罪念头，主播冒充身份实施诈骗

2020 年 3 月底，郭某成立“某某商贸”公司，主营网络直播，李某倩、李某益、熊某强、李某明等人经招聘入职。2020 年 5 月，因经济效益不好，郭某便改变公司经营模式，组织业务员利用主播的身份对男性网友实施诈骗。

2. 精心发展关系，伺机索要财物

在直播中，各位主播进行乔装打扮，并且借助变声设备，五大三粗的糙汉子在高科技的包装下成了风华绝代的大美女！还以假身份经常跟男网友聊天，发展关系。各位“女主播”和男网友聊天比较熟悉时，伺机要求男性网友在直播间刷礼物，或者索要口红、饰品等礼物，或者提出购买情侣装等要求。“哥哥，能给我买个小礼物吗？”很多网友沉迷在虚拟的温柔乡中，一次又一次满足主播的要求。

3. 设置商品链接，获取支付钱财

各位“女主播”还会发送事先准备的商品代付链接，要求男性网友点击链接进行代付，代付钱款均进入同伙的支付宝账户，内部之间再进行转账。郭某对男性粉丝代付后的商品进行选择性发货，部分商品发送空包裹，为让男性粉丝相信主播已经收到礼物，郭某会将事先准备好的礼物样品拍照让“女主播”通过微信发给男性网友。前后男网友在直播间刷了礼物共计 19150 元，支付购物链接 13000 元。

【检察官提醒】

如今各种直播平台涌现，“网红”主播吸引了大量粉丝。现在一大批不法分子已经将目光转向了直播间的粉丝们。通常所谓的“女主播”会对刷礼物的看客大加称赞，或者进行礼物排名等满足看客虚荣心。大家在看直播时，要理性打赏喜欢的主播，了解主播的真实身份、背景。网上的桃色陷阱不计其数，请理性观看直播，莫入圈套。

第六章　刷单类诈骗

【常见类型】

以零元购、无风险、日清日结等方式进行诈骗，承诺在交易后立即返还购物费用并额外提成，进行刷单返利等。

【易受骗人群】

待业人士、学生、家庭主妇等人群。

【作案手法】

犯罪分子往往抓住一些待业人士、学生群体寻找兼职、赚取生活费的心态，在线上和线下发布大量兼职信息，吸引人点击相关链接或者进入相关网站进行刷单，承诺在交易后给予一定的好处，刷单小额返现，骗得被害人信任，致使被害人一步步投入大量钱款，最终隐匿消失，财产“打水漂”。

【防骗要诀】

注意擦亮双眼辨别各种兼职信息，选择正规、有保障的兼职活动或工作，不参与刷单活动，千万不要被蝇头小利迷惑，千万不要缴纳任何保证金和押金！

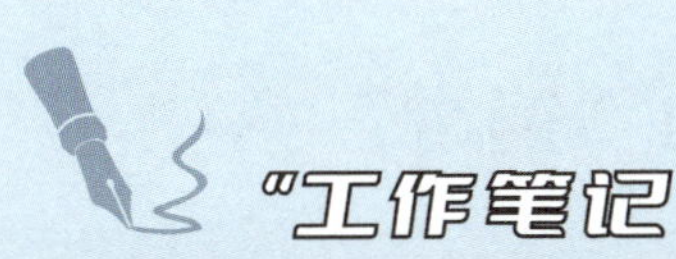

杀鸟盘

挂鸟——喂鸟——杀鸟

1. 挂兼职广告:（短信、社交网络、短视频）→吸引鸟
2. 喂：刷单、关注公众号、点赞评论、刷粉丝→给鸟返点
3. 杀：托儿→高额返点截图→鸟→垫钱大额刷单

注：本页内容摘选自环球网文章《"杀猪盘""杀鸟盘""杀鱼盘"……快看！骗子"工作笔记"曝光了！》

第一节　诱人的“馅饼”

【骗术揭秘】

1. 发布虚假信息。骗子会广泛发布刷单兼职的广告或群发短信，诱惑被害人主动添加他们的微信，或者主动点击链接下载刷单 App。

2. 甜头引诱。为骗取被害人的信任，骗子会建议被害人先购买低价商品，待被害人购买成功后，迅速将本金和佣金返还，让被害人误以为可以赚钱，以小利打消被害人疑虑。

3. 落入圈套。随着刷单的金额越来越大，直到被害人想要提取佣金的时候，骗子就会以各种理由冻结扣押资金。

【案例】

日赚百元！躺在家里就能赚钱！动动手指就能走上人生巅峰！

看到如此诱人的广告，你的心怦怦跳了吗？天上的“馅饼”就要砸到你头上了。

张某是某高校大二学生，闲来无事的他躺在宿舍刷着手机。突然 QQ 群弹出一条招聘网络兼职的信息，称有一份能刷单赚取佣金的兼职工作，不需要付款，直接截图即可。张某心中暗喜：“还有这等好事？正好缺一份兼职挣点买奶茶的零花钱！”

张某通过 QQ 号与“客服人员”取得联系后接到了第一笔刷单任务，并按照“客服人员”提供的购买链接，轻车就熟地将产品加入购物车、截图购物界面、发送截图给客服人员。一系列操作行云流水。随后“客服人员”发给张某一个支付宝二维码，让其扫码支付。张某支付完后，“客服人员”通过支付宝返还了本金和佣金。佣金到手，张某喜出望外，还高兴地和舍友分享这条发财致富之路。

随着大金额订单的出现，张某需要投入的资金也越来越大。“亲，系统已经核实到您的订单。您现在已经完成双重任务一，请继续完成双重任务二。”张某并没有察觉到危险正逐步靠近，在“泥潭”越陷越深，依旧按照对方的指令继续刷单。连续刷了 5 单之后，张某不但没有收到佣金，连本金 5 万元都无法收回，至此才意识到被骗。

【检察官提醒】

躺在家里就能日进斗金，投入越多赚得越多，动动手指就能走向人生巅峰？需要注意，这很可能是一个骗局，千万不要被蝇头小利所迷惑，不要缴纳任何保证金和押金！在刷单诈骗类案件中，很多受骗人一开始也对刷单持怀疑态度，但他们在尝试以小额投入“试水”后，发现竟然真能“获利”。由此，便充满信心，逐渐加大投入。刷单做任务不会帮你致富，刷单返利很可能是诈骗，刷单之前当慎之又慎。

第二节　零元刷单

【骗术揭秘】

1. 发布广告。诈骗分子通过社交软件、社交平台、社交网站等发布广告，寻找作案目标。

2. 承诺回报。锁定作案目标后，添加被害人联系方式，向被害人发布任务，以零元购、无风险等诱惑被害人。

3. 步步跟进。当被害人根据对方要求提供刷单验证码后，实则是银行卡验证码，诈骗分子会以各种理由要求被害人继续刷单，进一步诈骗被害人。

4. 切断联系。诈骗得手后，诈骗分子就从网上消失，无从寻找。

【案例】

黄女士是一位家庭主妇，想通过实现经济独立减少伸手向丈夫要钱的频率，抱着试一试的心态添加了一位 QQ 好友想找到事做赚点钱。成功添加好友后，伴随“嘀嘀”的 QQ 消息声，窗口随即弹出一份“刷单”任务。

“无须付款，零元刷单，当天返利。”

按照对方要求，黄女士需要在某电商平台购买高价值的苹果手机，但无须自行操作，只要将收到的验证码提供给“下单”的“工作人员”，即可完成一笔刷单任务，轻松获得几百元的返利。

虽然黄女士心存疑虑，但面对返利诱惑，还是心存侥幸地默认了对方的指示，把收到的验证码发给了对方。不一会儿，手机便收到银行的信息。

“【××银行】您账户于××月××日转账支出人民币××元，活期余额××元。”

黄女士感到不对，质问对方：“你们不是零元刷单吗？怎么还需要我支付。”

“抱歉，可能是我们这边没有给您说清楚，零元刷单需要您先代为支付，返现时连同返利一起转回到您的账户。”对方说。

“我们这边查询到，您还需再完成一笔购机刷单就可以全额取回刷单款及返利 ×× 元。”

为拿回投入的金额，黄女士抱着再赌一把的心态，咬咬牙又一次刷单支付了数万元购机款，再次掉入猎人提前设置好的陷阱。扣款成功后，当她想再次给对方发送消息时，发现 QQ 已经被拉黑。此刻的黄女士只能哑巴吃黄连——有苦说不出！

【检察官提醒】

天上不会掉馅饼，网络刷单很有可能是陷阱！动动手指就能赚钱，不用任何花费，此类宣传诱惑力极大。犯罪分子正是抓住被害人贪小便宜的特点进行诈骗，要克服贪小便宜的缺点，才不会掉入诈骗分子设下的陷阱。电信诈骗花样多，不要轻易相信网上“零元刷单”兼职，守护好自己的钱袋子。

第三节　佣金提现

【骗术揭秘】

1. 寻找“兼职”对象。诈骗分子在网上广泛发布兼职广告，吸引一些待业人士、家庭主妇、老年群体参加，让他们留下个人信息。

2. 拉群组织。诈骗分子吸引到一些有意向刷单的用户后，将其拉进群聊，发布兼职任务。

3. 下载“配套”软件。诈骗分子向被害人介绍兼职刷单方法，指引其下载相应软件进行刷单。

4. 告知被害人先转账钱款至特定账户，“配套”软件会有相同数值的金额，在软件里面购买虚拟物，初步让被害人获利。

5. 坐等“收网”。当被害人投入越来越多的钱进账户，并在“配套软件”购买虚拟物刷单时，诈骗分子携款消失。

【案例】

谢女士是一名家庭主妇，上网时无意间看到一个兼职广告。出于好奇和想赚点钱补贴家用的心理，谢女士扫描广告上的二维码填写了个人信息。没多久就有人申请添加其为好友，把她拉进一个兼职刷单群。群里发布了一个“多某乐”App的下载链接，称无须缴纳学费，下载注册成功后客服会手把手教会你如何“刷单”。

“请问如何进行刷单呢？初来乍到，还想请教一下。”谢女士虚心地请教着。

“先将钱转到群主指定的银行账户，然后我们会在“多某乐”App账户充值相应的金额，最后你在App上购买虚拟货物后联系我们客服进行返佣，本钱和佣金会自动返回你的账户。”

谢女士根据客服提示的步骤，完成了第一次刷单，赚取到人生的“第一桶金”，成功提现 300 元。因提现成功，谢女士对平台兼职刷单深信不疑。

初步获利后，谢女士投入金额不断增加。一周后，谢女士想要提现获利的 8000 元时，发现兼职群聊被解散，“多某乐”App 也显示已下架，谢女士才意识到自己被诈骗，前后转账进去的 8 万元也无法取回。她瘫软地坐在家中，眼里含着泪水，心情久久不能平静……

【检察官提醒】

“刷单兼职，足不出户。日赚百元，月入过万。”这是骗子引人跳坑的套路。检察官提醒大家无论你在哪里“刷单”，看到类似刷单广告，千万别心动，否则就要心痛了。同样的套路，不一样的聊天形式，如果这种轻松、低风险而又高回报的工作真的存在，那为什么客服自己不做呢？客服的亲朋好友为什么不做呢？

第四节 大红包小任务

【骗术揭秘】

1. 拉进群聊。诈骗分子在社交软件中，拉一些不熟悉的好友进群聊，不断积累目标群体，群聊里的其他人多为诈骗分子的同伙。

2. 表演发红包。诈骗分子把用户拉进群聊后，便在群里发大额红包，初步让用户尝到轻松获利的甜头。

3. 发布刷单任务。诈骗分子声称如果想继续在群里抢大额红包，需要完成任务，指引用户去相应网站自费刷单，称投入金额会在一天内返还。

4. 转走钱财。当用户逐渐放下戒备心陆续投入大量资金刷单的时候，不再返还投入资金，侵吞钱财。

【案例】

林先生是一名房地产销售员工，平时工作中添加了很多客户的微信。一天，林先生被一名姓潘的客户拉进一个抢红包的群。一进群，群主便发了每个人几十元至一百多元不等的大红包。接着群主说道："我每天都会发出大额红包，人人有份，但如果想长期在群里抢红包，则需要完成一些刷单'小任务'。"面对这样的天降之财，林先生深陷其中无法自拔，可让他没想到的是，这竟然成为他噩梦的开始。

林先生觉得通过完成"小任务"便可以轻松领取大额红包，便欣然参与，按照群主的指引在相关网站购买均价上万元的物品，成功购买后便去群里抢红包。因购买的资金会在一天内返还，林先生对刷任务会返钱深信不疑，连续做了三天任务，共计在群里抢红包获利 850 元。面对高额回报，林先生瞬间沉浸在幸福的喜悦当中，彻底沦陷。在第四天的时候，林先生想多刷几单，于是在网站购买了 60000 元的货品，接着继续在群里抢红包，直到过了两天，发现投入的 60000 元始终没有返还，群聊也被解散，遂发现被骗。林先生总计“获利”850 元，损失 60000 元。

【检察官提醒】

进群领红包？请小心掉入刷单诈骗圈套。诈骗分子以抢红包为诱饵，引导被害人进行刷单受骗的例子屡见不鲜。当莫名被拉进“抢红包”群聊时，要多加留意观察是不是“团伙”组织，小心落入“免费”抢大额红包的圈套。诈骗分子一开始让被害人“不劳而获”轻松抢红包，接着告知完成一些“小任务”便可以继续抢大额红包。切记不要参与各种刷单活动以及投入资金，小心“羊入虎口”，导致投入的大额资金无法返还，让诈骗分子计谋得逞。

第五节　刷单的“回报”

【骗术揭秘】

1. 发布广告。诈骗分子通过在使用用户较多的软件中投入广告，附加提示让用户下载相应 App。

2. 指引充值会员。诈骗分子利用用户比较想使用相应 App 的心态，提示用户需要开通会员、做任务等才能享用 App 提供的服务。

3. 刷单激活账号。诈骗分子“步步为营”，继续提示用户需要配货刷单才能激活 App 的账号。

4. 进行刷单。用户听信诈骗分子的说辞，按照要求不断进行刷单和转账金额，最后无法提现投入的刷单资金。

【案例】

“约吗，加我呀……”小李在地图软件上发现这样一则广告，寂寞的心顿时心潮澎湃、蠢蠢欲动。激动的心，颤抖的手，小李即刻根据页面提示点击下载了 App。登录 App 后，该 App 首页有多个“美女”向其打招呼，并且多幅美女图片附带价格让小李挑选，小李更加兴奋了。随后客服主动联系到小李：“现在有个三连单做不做？名额有限，先做先得！完成刷单任务可以让小姐免费上门服务，任务操作简单，刷单完成后还可以返利。”小李心想：“还有这种好事？我要做！我要做！”

于是小李往对方提供的微信收款码转账了 300 元，按照对方要求进行刷单，其前后共计刷单 16 次。在完成多次任务之后，小李想将刷单投入的资金提现，发现系统一直显示无法提现账户资金。客服以“转账速度慢”“系统出错需要补单激活账号”“做连续单才能立即提现”等理由拒绝小李的提现要求，还劝其继续刷大单。小李意识到被骗，遂报警，共计被骗15万元。

【检察官提醒】

大家勿轻易点击陌生链接下载非法、假冒App，莫相信需先转账再返还资金的套路。在日常使用的软件中，里面可能存在良莠不齐的广告，需要擦亮双眼仔细辨别。当根据广告提示进入相关网站或者下载相应软件时，里面客服提示注册用户需要充值会员才能正常使用或者升级服务时，不要轻易相信更不要投入钱财。软件或者网站客服设置刷单的条件“门槛”才能激活账号使用大概率是骗局，切记不要随便充值和转账钱款。

第七章　赌博类诈骗

【常见类型】

虚假赌博网站；平台兼职；提供管理账号；积分赌博等。

【易受骗人群】

无业群体、喜欢博彩人群等。

【作案手法】

犯罪分子通常会在一些投资群中广泛“撒网”，添加群内好友并另建新群，通过安排人手在群里推荐虚假赌博网站、制造虚假人气、虚构稳赢事实，以此动摇被害人心理防线，让他们先小额盈利“尝到甜头”，进而诱导他们继续参与赌博，当被害人投入大量资金时，犯罪分子操控后台并迅速将资金转移取走，导致被害人血本无归。

【防骗要诀】

赚钱就要脚踏实地，跨境赌博、网络赌博等博彩平台背后多是犯罪分子在操控输赢，犯罪分子经过精心设计，诱导被害人通过扫码或点击链接下载，骗子在软件后台操控输赢赚赔。请了解网络赌博的套路，认清赌博危害和后果，赌博违法，切勿参与。

第一节　躺着挣钱

【骗术揭秘】

1. 寻找对象。为了寻找目标，犯罪分子在网上交友，物色一些有赌博爱好、喜欢赚快钱的人员。

2. 推荐项目。犯罪分子以盈利简单、操作容易等理由向被害人推荐赌博软件或者网站。

3. 利诱投注。网络赌博 App 可操控后台数据，小额投入时让被害人连续赢钱，吸引被害人加大投注额度。

4. 制造困难。犯罪分子制造各种困难阻碍被害人提现，以各种理由继续诱导被害人转账。

5. 无法提现。赌博 App、网站等虽然显示被害人账号有进账，但被害人的投注早已经存到犯罪分子的账户，网站上根本没有资金。

【案例】

蒋某平时很喜欢上网，使用某软件时认识了一名网友杨某，两人经常聊天，逐渐熟络。

杨某兴高采烈地跟蒋某说："兄弟，我分享一个宝贝群给你吧，这群可是个挣大钱的渠道。里面客服消息很灵通的，你只需要根据客服的指引点击链接下载 ×× 娱乐城 App，并根据他们提供的消息进行投注就可以躺着挣钱了。"听杨某这么一说，蒋谋很是心动。

在客服的指引下，蒋某尝试性地投注了 30 元，在获利 52 元后，又接着投了两注几百元的，立刻获得翻倍利润，并且都能成功提现。蒋某操作几次后，虽然平台上显示有盈利，却无法提现。客服称这是操作失误，要转账三倍金额才能继续操作，蒋某照做后，客服又称转账超时，还要再转账三倍的金额，但仍不能成功提现。客服发消息说：“一次性向平台转账4万元，便可以直接提现。”

这时，群内的另外两名“新手”晒出了转账4万元的截图，并称提现成功。然而，蒋某转账了4万元后，依然无法提现，客服又称其信誉分不足还要再转账6万元才可以提现，这时蒋某终于意识到自己被骗，于是报案。

【检察官提醒】

天上不会掉馅饼，赚钱就要脚踏实地，博彩软件往往都是骗子设下的陷阱，通过诱导被害人扫码或点击链接下载博彩软件，在软件后台操控输赢赚赔，先让被害人在可控范围内盈利投注，再一步步引诱大额投注，最后卷款跑路。请广大网友了解网络赌博的套路，认清赌博危害和后果，守好自己的“钱袋子”。

第二节　管理员账号

【骗术揭秘】

1. 寻找目标。犯罪分子通过网络社交工具寻觅、物色作案目标，与被害人添加好友、聊天等拉近距离，博取信任。

2. 透露信息。在与被害人聊天中故意透露信息，虚构赌博可以赚大钱的假信息，甚至提供转账截图、网站信息等，诱骗被害人赌博。

3. 提供账号。谎称有管理账号，投注就能稳赚不赔，并提供账号让被害人帮忙管理，诱导赌博投注。

4. 兑现回报。当被害人少量投注时，回报率很高，提现很快，诱使被害人继续加大投注金额。

5. 携款潜逃。在被害人投入大额资金后，账户里的资金无法提现，或者全部输掉。再联系时，已被对方拉黑。

【案例】

王某在 QQ 的虚拟世界里遇见了一位网友，两人的聊天逐渐深入。这位网友如同一位耀眼的明星，他透露自己通过网络赌博获得了丰厚的收益。

“看看，这是我账号里的余额，没骗你吧。”网友向王某展示了他的盈利截图。

“厉害，怎么做到的？”王某羡慕不已。

“简单，我有管理员账号，稳赚不赔。想不想试试，也给你弄一个。”网友自豪地说。王某想着试试也无妨，于是跟网友要了一个管理员账号。

王某登录进入赌博网站，有所疑虑，想着先投点钱试试看，就投了 50 元，账号余额显示盈利 50 元。王某尝试提现，果然提现成功，彻底打消了他的疑虑。想到自己是管理员账号，就放心地投入赌博，200 元、500 元、1000 元……王某累计投入十余万元，账户也显示盈利六十余万元，当王某准备提现时，发现无法提出，联系平台客服，对方要求存入保证金，王某发觉不对，再次联系该网友时，发现已被对方拉黑。

【检察官提醒】

网络世界是虚拟的，那些在网上认识的陌生人，当对方提到彩票、投资平台、赌博等词汇，或是遇到所谓“系统维护人员”“后台管理员”“专家导师”，声称“稳赚不赔”“发现系统漏洞”“有人已经赚了好几笔”等内容时，就要提高警惕，切莫进入不明网站，不要轻信所谓“网友”的承诺，切勿过分相信虚拟世界。

第三节　平台兼职

【骗术揭秘】

1. 发布兼职消息。诈骗分子在社交平台广泛发布“兼职”消息，等待用户“上钩”添加好友，对“兼职”进行咨询。

2. “群聊”分配任务。诈骗分子在确定用户的意愿后，将用户拉进群聊，详细介绍“兼职”情况，发布“兼职”任务。

3. 初始提供“薪酬”。诈骗分子教用户学会“兼职”任务后，及时提供薪酬，让用户尝到“甜头”，增加用户的“黏性”。

4. 引导充值“会员”。告知用户如果想继续赚钱，需要充值会员费，成为会员才有资格继续参加兼职。

5. 指引转账。发现能赚不少钱的用户尝到“甜头”后，信以为真，便转账至诈骗分子账户，成为会员。

【案例】

蒋某在社交平台看到一条“兼职招聘”信息，于是添加发布信息的陈某为好友，声称有兴趣参加该“兼职”。

“×× 邀请你加入群里。”陈某把蒋某拉进群聊。

“兼职主要任务是帮助管理 ×× 博彩平台，工资每日 500 元，具体任务再分配，有没有问题？没有问题就开始分配任务。”陈某在群里说明兼职任务。

“网站地址 ××，账号 ××，密码 ××。”陈某给蒋某发来链接和账号密码。“有不明白的可以问我。”蒋某如同踏入了未知的迷宫。

“给 ×× 账号上分 600。”“×× 账号下分 800。”

按照陈某的指引，蒋某在赌博平台上小心翼翼地完成了“管理”任务。

“今天的工资500元，已经打入你的账号。”蒋某查看账号余额果然增加了500元。

第二天，陈某告知蒋某：“昨天你干得不错，继续兼职要把账号转为正式会员，会员费20000元。”蒋某想轻轻松松就能每天赚500元，很快就能把会员费赚回来，就给陈某指定账户转账20000元。联系陈某时发现联系不上，网站也无法登录，才发现自己被骗。

【检察官提醒】

帮忙管理赌博平台的“兼职”不仅可能使被害人被骗，更可能成为违法犯罪的“帮凶”。广大网友在上网时注意辨别网络消息，遇到可疑情况多向亲朋好友询问、核实，多听意见。网上的“兼职”信息，不乏一些诈骗分子的“钓鱼”信息，诱人入圈进而诈骗钱财。如需寻找兼职，应通过有资质的公司、中介、机构或者通过可靠的亲朋好友介绍，不要在不正规的兼职渠道上“大海捞针”，请擦亮眼睛，精准辨识赌博平台兼职诈骗套路。

第四节　积分下注

【骗术揭秘】

1. 通过社交平台、社交软件、网页弹窗等方式发放各种赌博小广告，引诱被害人点击进入指定网站。

2. 以购买积分优惠、返利等诱惑被害人投入资金。

3. 小额回报、充值越多优惠越多等引诱被害人进一步加大投入资金。

4. 设定金额限制、金额解冻的各种理由诱骗被害人继续投入资金。

【案例】

赵某在浏览某网站时，突然弹出一个诱人的赌博小广告，他的好奇心瞬间被点燃，于是他点开了那个网站，广告提示他充值人民币换积分，用积分进行下注赌博。

赵某按照提示充值 50 元下注后返现 76 元。赵某按照同样操作，分别充值 300 元下注后得到 360 元返现，充值 800 元后得到 960 元返现。

完成以上操作后，对方客服要求赵某下注 2000 元，并告知赵某该单是几人合开，需凑满 8000 元才能下注。赵某按照对方要求充值 2000 元后，对方告知赵某操作错误，需要再充值 5000 元，否则之前的充值会被冻结。

赵某在转账时，App 提示有风险，赵某便让其同学帮忙转账到对方账户。转账后，对方客服告知赵某操作失误，要求赵某再转 4880 元。赵某按要求操作后，对方再次以操作错误为由要求张某再次转钱，赵某终于意识到被诈骗。赵某共计被诈骗 13030 元。

【检察官提醒】

网络上各社交平台投放的广告、消息良莠不齐，真假难辨。积分可返现的网站属于赌博网站，需谨记赌博是违法行为，遵纪守法是每个公民应尽的义务，依法守规可以最大限度降低受骗风险。遇到赌博广告不点击、不关注，不参与、不沉迷，不以试一试的心态参与网络赌博，对赌博不能抱有任何侥幸心理，做到知法守法，远离赌博。

第五节　发现漏洞

【骗术揭秘】

1. 添加好友。犯罪分子添加被害人为好友，一般伪装成成功人士，博取好感、骗取信任。

2. 展示资金。犯罪分子会以掌握漏洞、包赚不赔等理由诱骗被害人，同时刻意显露自己成功赚钱的截图、流水等。

3. 小利引诱。当被害人登录犯罪分子提供的网站或者 App 后，会让被害人成功赢取小额钱款，降低被害人防范心理，诱使被害人加大投入。

4. 提现受阻。被害人大额投入后，想提现时，犯罪分子以税额、手续费等理由阻挠，继续骗被害人投入资金。

【案例】

周女士在某交友平台认识一名网友，自称某公司领导，因为有实名认证，周女士对他加深了信任。金某自信满满地宣称，在数据维护过程中，他发现了一个漏洞，每天只需在特定的时间内下注，就可以稳赚不赔。他向周女士推荐了一个娱乐城网站，并绘声绘色地说道："这就像一座金矿，等待着我们共同挖掘。"

几天后，金某充值了 2 万元并把账号借给周女士，让她在规定的时间进行投注，结果一把就赢了很多钱。随后，金某不断地往里面充值，每笔十几万元、几十万元不等，短短几天账户余额显示已经有 300 余万元，其间他还让周女士帮忙成功提现。在金某的指导下，周女士也注册了赌博平台的账号，按照客服的指示用自己的银行卡向指定账户充值，并按照金某教她的方法投注，果真赢钱并成功提现了 10 万元，几天内账户余额显示超过了 200 万元。

周女士尝试提现 100 万元时没到账，被告知后续提现需要缴税 15%，且要在 12 小时之内缴上，否则将冻结账户。于是周女士开始筹钱，转账 45 万元到客服指定的账户，但是提现仍不成功。周女士再次询问客服，得知还要额外支付 10% 的手续费。最后周女士意识到自己可能被骗了，向警方报警。

【检察官提醒】

为了骗取大额的钱财，诈骗分子会以引诱受害者参与网络赌博的方式进行诈骗。在网络虚拟世界中，犯罪分子给自己披上光鲜外衣，让人难以辨别，如果轻信了他们的花言巧语，最终是“稳赔不赚”。一开始的小额盈利只是为了后面更大的赌注，请远离任何形式的赌博，莫贪蝇头小利，保持健康的生活方式，保护好自己的人身财产安全。

第八章　盗取信息类诈骗

【常见类型】

恶意网络链接；“免费医保”；ETC 升级；银行信息补全；虚假调查等。

【易受骗人群】

老年人群体、常使用网络支付业务人群等。

【作案手法】

犯罪分子往往伪装成官方或者正规渠道的号码发送短信，以被害人涉及各种问题或者有红包领取的优惠等为由，让被害人产生恐惧心理或者贪利心理，然后提供链接或网站为被害人介绍“解决渠道”，诱导被害人点开链接后，在相关软件或网站输入银行卡账号及其密码，从而转走资金。

【防骗要诀】

面对来路不明的短信，不要轻易相信短信上的内容，要先到官方网站或者线下网点咨询真实信息，或者通过正规渠道获取官方电话加以核实。收到陌生号码发来的短信，不要随意点开链接，更不要输入个人信息、银行卡账号、密码等，要把陌生号码拉入黑名单，始终坚持不轻信、不汇款、不透露、不扫码、不点击链接。

常见话术

1.“您的银行卡异常，请登录 ×× 网站进行验证恢复。”

2.“百万免费医保计划正在进行，点击 ×× 免费领取。”

3.“尊敬的车主，您好。您的 ETC 认证即将失效，请于 ×× 月 ×× 日前进行升级，请点击 ×× 完成办理。”

4.“【×× 银行】尊敬的客户，您尾号 ×× 的银行卡即将停止支付功能，请在 ×× 月 ×× 日前登录 ××，完成个人信息更新。”

第一节　激活账户

【骗术揭秘】

1. 伪装“官方号码”。犯罪分子伪装成官方或者正规渠道的号码，发送的短信号码大多为 00、10 开头的长号，让被害人信以为真。

2. 引起恐慌。短信中提及银行卡存在异常等问题，让被害人产生恐慌。

3. 提供链接。为被害人提供“解决渠道”，在短信中提供链接或者具体网站。

4. 指引“解决方法”。指引被害人到相应网站重新签约，或者在网站输入银行卡账号及其密码。

5. 转走资金。犯罪分子指引被害人输入银行卡账号和密码后，成功转走被害人的资金。

【案例】

2022 年 4 月 19 日，兰某收到一条手机短信。

“您的建设银行卡被检测异常，该卡已被冻结无法正常使用，需要到指定网址重新签约，网址链接 ××。”

兰某心想：我的建设银行卡还有钱呢！卡被冻结了，里面的钱不是白白浪费了？我得赶紧去弄好才行。

因为想着快点弄好这个卡，兰某没有核实信息的真实性就点击了短信里附带的链接，打开后是伪造的建设银行卡重新激活的网络界面。心急的兰某没有注意到发送短信的号码、短信内容、网络页面、网络地址等存在的诸多异常情况，在跳转的网络页面上如实填写了身份证号码、银行卡账户及密码等个人私密信息，随后一条含有验证码的建设银行短信通知发送至手机，兰某想都没想就直接在网络页面上输入了验证码，没几分钟，兰某银行卡内的49200元就被犯罪分子转出。兰某这才发现自己上当受骗了，急忙报警。

【检察官提醒】

收到银行签约、完善个人信息等短信时，请直接拨打该平台官方客服电话进行核实，请勿相信任何来路不明的电话短信，不要点击陌生链接，更不要随意泄露自己的银行卡号、密码、手机验证码等个人信息。要提高警惕、注意防范并保护好自身信息和财产安全。

第二节　免费医保

【骗术揭秘】

1. 以发送诈骗短信的方式，通知被害人可免费领取保险。

2. 短信中提供网址，告知被害人领取方式。被害人打开网址填写个人信息和银行卡信息。

3. 被害人填写个人信息以及银行卡信息后，转走其卡上资金。

【案例】

一天，李奶奶在看电视，突然收到一条“免费领取保单”短信，内容为“您有 100 万医疗保险可领取，24 小时内未领取将自动作废”，短信内还附有一个网址链接。

收到这条短信以后李奶奶非常高兴，以为是国家给退休老人的福利，想着自己不花一分钱，就可以免费得到一份医疗保障，便点开短信所附网址链接，按照链接里的要求逐一输入自己的身份信息及银行账号。

李奶奶按照网页提示，在最后提示需要输入短信验证码方可领取时，立即在页面文本框里输入了该验证码。在几分钟后，李奶奶再打开手机，发现手机收到一条短信，提醒其银行卡已经转出5000元。李奶奶回想刚刚的免费领取医疗保险信息，恍然大悟，发现自己跳进了别人设下的诈骗圈套，随即便到附近的派出所报警。

【检察官提醒】

以代办中介机构名义，自称提供免费代理参保或代办一次性补缴养老保险费用等服务，要求转账汇款，极有可能是诈骗。以社保名义的来信或来电涉及转账汇款的，应致电12333，或到社保经办机构现场核实，谨防上当受骗。

第三节　ETC 升级

【骗术揭秘】

1. 发送诈骗短信。利用 ETC 升级、客户资料更新等各种理由欺骗被害人，影响被害人的判断，引导被害人点击链接进入指定的网页。

2. 提供虚假平台。被害人打开的网站页面看起来相当正规，图文的配色也与正规的网站相似，以假乱真。

3. 套取个人信息。被害人误以为虚假网站是官方网站，在里面输入个人信息。

4. 获取验证码转移账户资金。被害人将个人信息提交后，犯罪分子通过银行网站向用户发送交易使用的验证码，要求用户填写验证码，用户输入验证码后，犯罪分子将其银行账户的资金转走。

【案例】

有一天，李先生收到来自 ETC 的短信通知，其内容是：全国 ETC 用户需要在 12 月 31 日前点击短信中的“链接”更新电子个人信息，逾期不升级将冻结账户。李先生心想：平时我上下班都需要走高速，一旦冻结 ETC 账户，会影响通行效率，我得马上弄好它才行。

李先生丝毫没有注意到发送该短信的号码是虚拟号码，就信以为真，点开了短信中的链接，根据短信里的指引，在跳转的页面上输入自己的 ETC 账户信息和个人信息。随后他的手机上就收到了短信验证码，李先生想都没想，直接输入了短信验证码。系统显示已完成，李先生便以为搞定了，没想到三小时后，李先生收到手机银行发送的消息，发现自己 ETC 关联的银行账户被转走了 30000 元。李先生这才反应过来自己被骗了。

【检察官提醒】

不要随意点击进入非官方渠道发布的“钓鱼链接”。犯罪分子获取用户信息的途径，是借助短信内的“钓鱼链接”，不要轻易填入个人信息，不要将扣款短信验证码输入链接内。对类似短信有疑问，应先拨打官方客服电话求证真伪。如不小心按照短信步骤点击并填写，应第一时间将手机绑定的银行卡迅速解绑并挂失，及时报警处理。

第四节　补全信息

【骗术揭秘】

1. 冒充官方。犯罪分子伪装银行官方号码发送通知短信诱导客户入套，发送“信用卡账单不良”“信用卡消费不规范”“信用卡系统故障”等虚假信息。

2. 诱导完善信息。被害人信以为真，点击短信附带的网页链接进入虚假的银行官方网站，填写被害人个人信息（身份证号、手机号码、银行卡卡号、密码）及手机收到的验证码等信息。

3. 盗刷钱款。被害人在虚假银行官方网站填写详细个人信息后，犯罪分子利用以上信息进行验证，盗刷被害人的银行资金。

【案例】

一天，李女士正在家中处理日常事务，手机突然震动。她拿起手机，看到一条来自“××银行”的短信。短信内容是:“【××银行】您的信用卡因系统故障已取消付款功能，请于4月27日前登录www.××××.com在线修复信用卡的故障。”李女士看着短信，心中一惊，她的信用卡出了问题?

李女士立即点击了短信中的链接，进入了一个新的网站。网站上显示着××银行的标识，看起来非常正式。网站提示她需要重新填写个人信息、银行卡信息等，以便修复信用卡的故障。李女士看着这些信息，心中有些疑惑，但想到这可能是银行为了保护客户的安全而采取的措施，于是她按照短信的内容提示填写了个人信息、银行卡号及密码、手机号码及验证码等信息。第二天，李女士再查看银行账户时，发现其信用卡被刷了5万元贷款。

【检察官提醒】

收到银行提示补全信息短信，首先要核查短信是否来自银行官方的服务号码，如有疑问应拨打银行官方客服电话进行核实，或自行前往就近银行营业点咨询。来路不明的链接很可能是伪装成银行官网的恶意网站，如需要登录银行官网请直接在浏览器地址栏输入银行的官方网址登录。未能确定是否为官网时，请勿输入个人信息。

第五节　问卷调查

【骗术揭秘】

1. 假扮工作人员。诈骗分子会冒充工作人员向被害人发送调研链接短信，诱导被害人点击链接填写调研信息并进行评价。

2. 填写个人信息。被害人以为收到的短信是官方短信，点击短信附带的链接进入钓鱼网站，并且填写个人信息。

3. 盗取个人资料。诈骗分子获取个人银行信息后，盗取银行账户资金。

【案例】

一天，刘女士突然间收到一条短信。

“【××公司客服】尊敬的客户：为提高服务质量，为客户提供更好的服务，现对我公司的日常服务项目开展问卷调查，诚邀您对服务项目评分，登录网址×××。”

刘女士信以为真，以为是官方的调研邀请，于是点击链接进入一个网站。网站显示××公司服务调查问卷，提示“请填写个人信息”。

刘女士以为这是填写的调研问卷的实名要求，于是详细填写了个人信息，并且点击问卷填写。

晚上，刘女士手机连续收到多条短信“您尾号××账户×月×日×时×分支出人民币××元。”刘女士立即报警。

报警后，警方发现，刘女士收到的是虚假的调研问卷短信，短信附带的链接是钓鱼网站的链接，填写的个人信息被诈骗分子盗取，并且通过非法的方式转走了刘女士实名认证绑定的银行卡钱财。

【检察官提醒】

在平时使用移动手机的时候，会经常收到各种各样的短信，例如广告、评分链接、调研链接等。面对鱼龙混杂的短信，一定要保持警惕，在收到类似调研填写、服务评价等短信时，要注重核实信息的真实性，可拨打官方电话进行核实，或者前往官方网站查看相关信息。不要在不明网站填写个人信息，防止信息被窃取，造成损失。

第九章　业务类诈骗

【常见类型】

代企业上传资料和办理业务；代办退税；航空公司机票退改要求转账等。

【易受骗人群】

私营企业人员、个体户、有业务办理需求人员、无固定职业人员等人群。

【作案手法】

犯罪团伙往往进行明确的分工，设置各种复杂多样的套路以及编写多套话术，制作非法链接、收集个人信息，于线下、线上广泛寻找对象或者向不特定人发送短信、拨打电话，谎称办理各种业务，接着要求转账、汇款等，最终携款潜逃。

【防骗要诀】

对于异常的借款和资金汇出要求，必须提高警惕，在转账前一定要多方求证，务必核实确认后再进行操作。注意保护好个人和单位信息，以防被犯罪分子掌握从而实施精准诈骗。如果发现对方身份、信息可疑，或不幸被骗，务必保留当时的聊天记录和银行账号信息等作为证据，及时拨打报警电话。

第一节　代办业务

【骗术揭秘】

1. 团伙分工。诈骗团伙明确分工，研究套路、编写话术、制作非法链接、收集个人信息等均由专人负责。

2. 群发短信。诈骗分子向不特定人发送“代办工商营业执照、年报等”短信或微信消息，虚构事实欺骗被害人。

3. 要求转账。被害人按照短信提示进入相应平台网站，对方便以需要进行账户认证、账户被冻结、需要资格审查等为由要求被害人向指定账户转账，承诺认证通过后款项将原路返还。

4. 卷款消失。被害人转款到账后，诈骗分子立即转走钱款，诈骗款得手后，即拉黑隐遁，使被害人蒙受损失。

【案例】

北漂一族的吕海（化名）已经到北京好长时间了，大城市的生活让他倍感压力，他每天都想着怎样才能赚些外快。

一天，吕海像往常一般，躺在沙发上百无聊赖地刷着微信兼职群，无意间，他读到一条广告信息。

“代办工商营业执照，重谢 28300 元！联系微信：××××××。”

吕海立马端坐起来，急需用钱的他顾不得那么多，尝试性地添加了广告信息中的微信号。

在顺利添加微信后，对方声称：“这属于企业业务代办，办理营业执照后将过户给他人，办理前你需要开通一个新手机号。”在按照要求开通手机号的几天后，广告员约吕海见面。

对方说："为了确保能办成，需要先收走你的身份证和手机卡，算是抵押，办成后就还给你。"吕海也听说过抵押身份证的案例，并没有觉得有什么不妥，于是配合对方拍下手持身份证的照片和视频。随后，对方在吕海的手机上安装"××企业登记E窗通"App，指引其完成人脸认证。"这个App是专门为企业提供实名注册登记的工商服务平台，注册公司需通过该软件进行人脸实名认证。"对方介绍道。吕海见其介绍得如此专业，便更加放心地照做了。

完成认证后，对方提出需要交1000元押金作为办事"保证金"，事情办完后再退回，押金需打入对方指定账户。

吕海感到困惑，不是已经有身份证和手机卡做抵押了吗？怎么还要押金呢？广告员则解释："刚刚收身份证和手机卡是怕有些人做了一半就不做了，或者做成后自己拿走了。现在交的押金是平台要求的。不过你放心，做成后都会退还给你的。"

见对方说得有板有眼，吕海也打消了疑虑，此时的他只想快点拿到这可解燃眉之急的28000元，于是不假思索地按照链接转账。1000元转过去后，对方却又称该账户之前被冻结了，冻结的钱会自动返还的，现在需要重新转到另一个账户。被金钱冲昏了头脑的吕海只好接连操作，最后共转账了10000元。

走完流程后，广告员承诺会在三天后支付约定好的报酬。吕海长舒一口气，想着终于了结了一桩心事，喜出望外的他在回家的路上都不自觉地加快了脚步。

然而，三天时间一眨眼就过去了，吕海却始终没有等到对方的联系，他开始感到不安，用略微颤抖的手打开微信，尝试着发去一句"你好"，却发现对方早已将自己删除并拉入黑名单，看到这一幕，浑身冰冷的吕海终于意识到自己被骗了。

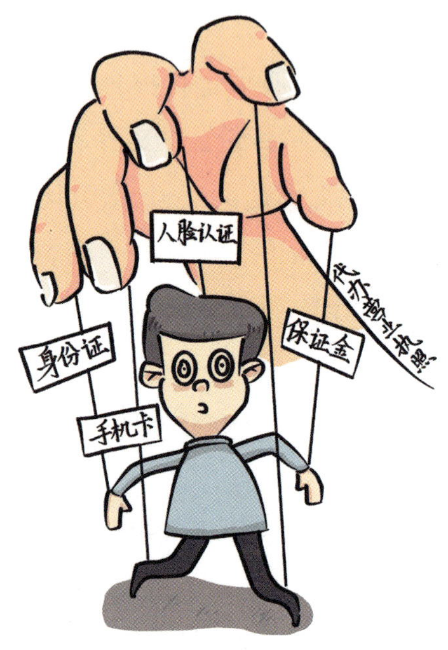

【检察官提醒】

所谓的“代办业务”往往为虚假信息，以各种理由让你多次转账的更是骗局。对方能准确说出你的情况，那是因为犯罪分子已提前掌握了你的信息，对方让你转账的各种理由都是事先编好的诈骗话术。当遇到相关疑问，务必致电官方认证的正规平台、网站或前往线下官方机构进行咨询，银行账号、密码和验证码等关键信息不能轻易透露，在日常生活中增强防范意识，注意保护好个人信息，切勿盲目行事。

第二节　退税诱惑

【骗术揭秘】

1. 群发短信。诈骗分子向不特定人群发送“代办退税”短信，寻找有退税需求的目标对象。

2. 索要账号。被害人按照短信里的联系方式添加对方微信后，对方以帮忙操作办理个税汇算退税为由，要求被害人提供个税 App 账号密码和银行卡号。

3. 高额引诱。在被害人提供账号密码后，对方又告知被害人有资格领取全年全额免税资格，声称可获得比原始退税金额高出几十倍的退税。

4. 要求汇款。被害人心动后，客服以需要“资格审查”“验资”为由要求被害人点击指定链接，让被害人把全年的个人所得资金全部打到系统指定账户。

【案例】

某日，王路（化名）收到一条代办退税短信：“专业代办个人退税，只需提供个人所得税账号、密码及银行卡号，即可快速办理个税汇算退款。诚信代办，价格从优，不成功不收取任何费用”。

王路平时并不理会垃圾信息，然而碰巧她当时有个税汇算申报需求，想着如果能快速办理退税，岂不是能省不少精力？于是她便按短信提示加了一位自称“专业退税”人员的微信。

“您只需提供个税 App 账号、密码和银行卡号，我们这边会帮您办理退税服务，若未办理成功不收取任何费用。”客服人员说。

王路心想，即使没有办理成功，自己似乎也并没有什么损失，于是向客服提供了自己的个税 App 账号、密码以及自己的银行卡号。

“王女士，您好。根据查询，您的退税金额为 620 元，不过您有全年全额免税资格，退税额度增加到 13000 元，请问您需要增加退税额度吗？”

620 元变 13000 元，这是一笔巨款，王路觉得自己直到现在才发现，真是亏大发了。随后便赶紧去询问如何领取。

“您需要进行一项资格审查，稍后会向您推送一条链接，请登录链接进行资格审查。”客服说。

“那需要怎么做资格审查呢？”王路进一步咨询。

客服当即发给王路一个网站，说道：“操作很简单，把全年的个人所得资金全部打到我们提供的账户里，我们就能按照比例进行验资。”

此时王路开始警惕起来，毕竟是一整年的收入，全部托付到他人手上，始终觉得不安心，她意识到自己可能遭遇了电信诈骗，便立即到派出所报案。

王路将整个过程向民警反映之后，民警告诉她：“专业退税客服提供的链接是非法链接，对方的行为涉嫌电信网络诈骗。”听到这里，王路手脚冰凉，脸色发白，抚着胸口，连声道：“还好没转过去，还好没转过去……”

【检察官提醒】

“税收有章法，贪小必入坑”，现实中也不存在如此高额的退税，“代办退税”“高额退税”的说辞往往是引人上当的诱饵。走官方渠道办理业务是防骗要领。在个税申报时期，税务机关会在公众号、网站等官方渠道公布正规申报方法，请务必按照官方指引流程进行操作。遇到税务方面的问题，应致电 12366 或到当地税务机关进行咨询。

第三节　机票退改

【骗术揭秘】

1. 诈骗分子向不特定人发送“机票退改签”短信，虚构事实欺骗被害人。

2. 诈骗分子编造理由，以退票改签有优惠诱惑被害人。

3. 被害人按照短信提示进入相应平台网站，对方便以需要进行退款认证为由要求被害人向指定账户转账，承诺认证通过后款项将原路返还。

4. 被害人转款到账后，诈骗分子立即转走款项，诈骗款得手后，即消失隐遁。

【案例】

邱霖（化名）一家准备外出游玩，便在某订票平台上订了机票。临近航班起飞的日期，邱霖收到短信。

“【××票务】尊敬的邱霖旅客，您预订的××航空公司起飞时间××的××航班因××原因无法正点起飞，票号为××。请您尽快确认您的行程，如需改签请联系客服办理，服务热线××××，给您带来不便我们深表歉意。”

邱霖仔细核对航班信息和日期，发现与其订票上的信息都能对上。邱霖心想：我好不容易调休，都已经做好了和家人外出游玩的攻略了，航班被取消了，计划就泡汤了，一切的努力都白费了，还是打电话去问问吧。为避免耽误出行，邱霖按照短信提示拨打客服电话。

“您好，这里是××订票平台人工服务专线，请问有什么可以帮到您？”对面传来一个甜美的声音。

邱霖将自己航班因故被取消的事情告知客服小姐。

“很抱歉，航班取消耽误了您的行程。由于本次航班取消是航空公司的原因，先生您不仅可以免费改签退票，还能获得每张机票 500 元的理赔，您看需要帮您办理业务吗？”

邱霖听了，心想：唉，计划赶不上变化，谁能想到航班被取消呢，3 张机票总共 1500 元的补偿，也算勉强有个心理安慰。于是便按客服的提示，先下载了一个会议软件，输入客服提供的会议号。这时，网页弹出对话框。

“为核对收款银行账户退款认证，请您向指定账户转账 1 元，认证通过后款项原路返回。”

邱霖尝试操作，转出去的 1 元钱很快就原路返还。随后，对方又称，还要再做一次认证，向指定账户转账 5999 元。

邱霖疑惑地询问：“为何这次要转这么多钱？”

“因为您的理赔金额超过 1000 元，本次验证账户是为了确保您的账户可以接收大额转账。”邱霖虽然感到不太理解，但着急想拿到补偿的他还是按照要求进行转账。再次操作后，发现钱转出去却迟迟不见退回，他终于意识到不对劲，连忙赶到派出所报案了。

【检察官提醒】

官方购票平台、小程序、App 等都会有专门退票通道，不会额外要求下载其他软件，要求另外下载软件或点击链接网站的，都可能是陷阱，须多加留心。收到“飞机故障、行程延误或取消”等信息，应拨打航空公司的官方客服热线或者线下前往机场服务台详询，通过正规途径保障自己权益。

第四节　快递签收

【骗术揭秘】

1. 诈骗分子通过非法途径购买网络购物用户个人信息，为下一步犯罪做准备。

2. “送货上门”。诈骗分子打电话告知收件人其快递信息不全，要求告知其准确地址。然后同伙送货上门，指引收件人签收。

3. “已使用无法退货”等理由迫使收件人收货。诈骗分子等待收件人签收，并且拆开快递使用后，告知收件人撕开包装无法退货。

4. 诈骗钱款。收件人迫于无奈，转账相应价值的快递物品钱款至相关银行卡账户。

【案例】

孟军和刘辉（均为化名）经济困难，生活不顺。为了让自己的生活过得好一些，他们铤而走险，萌生了诈骗的念头。孟军和刘辉通过非法途径获得了网上购物用户的个人信息。随后便由孟军冒充快递人员给用户打电话。

“××先生，你好。我是××快递。你有一件快递需要签收，不过在运输中快递上面的运输单磨损了，没法看清你的地址信息，我送到什么地方给你呢？”

孟军告知用户有快递需要签收，但由于运输过程中发生了些意外，致使无法看清具体地址、姓名等信息，需要提供详细信息以便送货上门。用户听到孟军电话后，信以为真地按要求提供了详细的住址信息。同伙刘辉便根据用户所住的地段以及房子豪华程度进行分析，设法将价格不等的假烟和假酒包装在快递里。刘辉将快递送货上门确认收件人签收后，孟军再拨打电话给收件人。

“×× 先生，你好。我是 ×× 快递。不好意思有一件快递寄错了地址，需要到你那里取回快递。”

如果收件人已经将快递拆开，孟军就会以“商品一经拆开使用，无法退货”为理由，要求用户付款赔偿。很多用户遇到此类事件，只好吃下“哑巴亏”。孟军和刘辉两人分工合作，共诈骗了 23 名收件人，共计 78000 元。

【检察官提醒】

用户在网络购物时，地址信息已经同步到卖家和物流公司处，即使包装上看不清地址等信息，也可以通过线上已经同步的信息加以确认。声称“看不清地址”的定是诈骗借口，不要告知对方自己的住址、姓名等信息。可以通过各类快递公布的官方客服号码核实信息，遇到快递诈骗，请第一时间向公安机关报案并注意保存物品、语音等证据。

第五节　购车定金

【骗术揭秘】

1. 发布消息。诈骗分子怀揣虚假交易目的，在网络上发布出售二手车信息，引起购车者的兴趣。

2. 假装洽谈。购车者根据发布的消息联系诈骗分子，成功“谈拢”价格，并且确定好交车的时间。

3. 转账定金。诈骗分子称需要先支付一笔定金作为交易保障，指引购车者转账一定金额钱款至银行卡。

4. 目的得逞。诈骗分子没有真正出售二手车的想法，而是以此为幌子欺骗购车者支付定金，最后消失。

【案例】

郑武（化名）一直梦想拥有一辆自己的车，奈何经济实力不允许。一天，他在社交平台上看到一则出售二手车的消息，这则信息狠狠地击中了他的心房：买一辆新车实在太贵，还要存上很久的钱。要不干脆买一辆二手车吧，一辆新一点的二手车也不错，还能早日实现自己的提车梦。离梦想似乎更近一步的郑武，脑海中已经有开着专属自己的车在马路上风驰电掣的画面了。

于是，郑武迫不及待地打开二手车网站，从多方面了解二手车的详细情况后，他看中了一辆标价为 78000 元的二手车。遇到让自己心动的车，郑武便立即采取行动，与发布消息的卖家联系。

卖家称：“后台显示这辆车有不少人来咨询，如果您想买这辆车的话，我可以为您预留，但需要您先支付 10000 元定金，交付定金一周后就可以交车了，交车时只需支付剩余金额费用即可，定金算进二手车的价格里。”说完便发了银行卡账号给郑武。

郑武心想：定金1万元，一周后就可以交车了，那我很快就是有车一族了，想想就很激动。郑武毫不犹豫地将钱转至指定账号，生怕晚一秒转账车就被别人抢走了。卖家在收到转账后，也将已收到转账的截图发送给郑武。转账后，度日如年的郑武每天都在盼星星盼月亮地等着取车，恨不得一眨眼的工夫就能到下一周。

一周时间终于过去了，郑武激动地给卖家打电话交车时，却发现对方怎么都联系不上。朋友告知其极大可能是遭遇诈骗了，郑武如同被人用冰凉的水从头浇了个彻底，这才幡然醒悟报了警。

【检察官提醒】

生活中买卖二手车的行为不少见，如需购进二手车，最好线下前往相应的车行进行了解。网络上二手车发布消息真伪难辨，一些发布者以低价吸引用户浏览，进而诱导用户点击链接转至其他不法网站，或者以交易为幌子欺骗约定交易金额或定金，遇到此类消息需要多留心。

第十章　游戏类诈骗

【常见类型】

买卖游戏账号诈骗；游戏充值；交易要求先付款；赠送游戏产品等。

【易受骗人群】

无业人群、学生、喜欢游戏的年轻群体等。

【作案手法】

诈骗分子往往在游戏中发布虚假信息，以低价销售或者高价收购游戏币、装备、游戏账号为名，诱导玩家登录钓鱼网站进行交易，获取玩家银行卡信息，伺机盗取玩家银行卡内钱财，或者诱骗玩家转账付款等。

【防骗要诀】

游戏交易一定要通过官方渠道，非官方或不正规渠道交易不仅容易造成游戏装备、游戏账号的损失，而且可能造成经济损失。对于明显低于市场价格的优惠和明显高于市价的收购要格外谨慎，在作出转账或者消费决定前，应先向官方进行求证，避免落入骗子的圈套。

网络游戏产品

引流——指导——付费

1. 在社交、游戏平台发布广告、信息：

买卖游戏账号、道具、点卡；

免费、低价获取游戏道具；

参加游戏抽奖活动；

2. 指导目标：绕过正规平台或添加客服

话术：用其他平台或私下交易更方便

3. 目标完成操作→后台修改，并告知“操作失误，等级不够”→支付“解冻费、会员费”

注：本页内容引用自环球网文章《“杀猪盘”“杀鸟盘”“杀鱼盘”……快看！骗子“工作笔记”曝光了！》

第一节　付款“卖”账号

【骗术揭秘】

1. 寻找作案目标。诈骗分子在网络交易平台搜索游戏账户，通过网络聊天等手段确定作案目标。

2. 要约购买。诈骗分子以购买游戏账号等理由，向被害人要约购买游戏账号。

3. 提供虚假交易平台。诈骗分子给被害人发送虚假交易平台链接，引诱其登录虚假交易平台。

4. 编造理由要求转账。当被害人登录虚假交易平台后，诈骗分子以解冻需要继续存款等理由骗取被害人资金。

【案例】

陈雨（化名）是个游戏达人，有一天玩游戏时，收到信息：“哥们儿，你的账号练得不错，有兴趣出售给我吗？”

陈雨想了想，反正账号可以再练，卖了赚钱也好，于是同意对方要求。

“可以啊！”

“那你加我 QQ 吧。”对方说。

陈雨加了对方 QQ 后，对方问：“账号多少钱？”

“2000 元。”陈雨说。

“贵了，能便宜点吗？”

“这个账号卖 2000 元算便宜了。”

“行，那咱们到平台交易吧。”对方发来一个链接。

陈雨登录平台，将账号挂到平台销售，不一会儿就显示已经卖出了，平台账户内余额有 2000 元。兴致勃勃的陈雨想将钱提出来，但此时却弹出了一个提示框显示“您的账户已冻结”。

陈雨于是联系对方：“平台的账户怎么显示冻结了？”

“可能是你操作错误造成的，我也被冻结过一次，要往这个账号存入解冻资金才能解冻。”对方随即提供了一个银行账号给陈雨。

“解冻资金还能拿回来吗？”陈雨问。

“没问题的，我上次解冻的时候跟账户里面的钱一起拿回来了。”

陈雨有点怀疑，但为了拿到卖账号的钱，还是咬咬牙按照对方提示操作了，用手机银行转账 2000 元到对方提供的账户，但还是没有解冻，陈雨心急了，按照对方要求又转账了 5000 元、6000 元、7000 元，账户却依旧没解冻，对方又催陈雨转账，欲哭无泪的陈雨这才意识到不对，赶紧拨打了报警电话。

【检察官提醒】

为了保障自身权益，网络游戏玩家进行游戏账号交易，请选择官方平台或者正规平台。

要警惕来历不明的交易平台，因为其很有可能是非法网站，无法保障交易安全。根据《关于防止未成年人沉迷网络游戏的通知》，广大网络游戏用户需要使用有效身份证进行实名认证。遇到交易被骗，记住对方账号，及时报警，有望通过官方账号确定对方身份，追回损失。

第二节　交易群里的“托”

【骗术揭秘】

1. 低价售物。诈骗分子在游戏中以低价销售游戏币或装备为名，吸引相关游戏玩家咨询、购买。

2. 提供渠道。一旦有相关游戏玩家前来询问，诈骗分子就会发送链接或者二维码，谎称只要点击链接或扫码认证就能低价购买游戏皮肤、道具等。

3. 骗取信息。诈骗分子以“认证不足”等理由要求被害人先认证付款，骗取当事人的银行卡信息，最后转走银行卡钱财。

【案例】

王康（化名）注册了一款网络游戏的账号，平时通过这个账号在各大游戏群里和其他玩家交流。游戏群里经常有一些需要买卖装备的玩家，王康从中嗅到了“商机”，感觉这是一条发财的“捷径”。

他创建了一个 QQ 群，把有意愿的买家、卖家都拉进了群里，并告诉大家可以在群里进行装备买卖。为了不露馅，王康还在群里专门安排了几个“托”，一有新人进群，这几个“托”就会在群里活跃地交流。

“× × 戒指、无级别限制、永不磨损，熔炼效果 +22 力量、+14 防御。”

“× 哥这装备厉害啊，私你了！”

随后制造交易的假象诱骗玩家参与装备买卖。当有玩家上套要求交易时，王康就会要求被害人先转账，才能拿到装备。如果遇到一些警惕性高的玩家，群里的“托”就会扮演买家去买装备，并把交易记录发到 QQ 群里。

等被害人落入陷阱把钱转过来后，王康便以没有交易截图、没有备注转账说明、订单时间超时为由让其补单。待被害人转账几次后，王康便露出真面目，将其踢出 QQ 群并删除。

【检察官提醒】

游戏交易一定要通过官方渠道，私下交易不仅容易造成游戏装备、游戏账号的损失，而且可能造成经济损失。如何核实交易？一是可以通过拨打银行官方电话进行询问，二是可以登录银行移动终端进行核实，三是可以仔细观察交易截图是否有修改痕迹。

第三节　免费领取皮肤

【骗术揭秘】

1. 发布消息。诈骗分子在游戏软件上，利用一些玩家贪图小利的心态，发布“免费”赠送游戏产品的消息。

2. 添加好友。诈骗分子发布消息后，等待目标群体“上钩”，双方添加好友。

3. 完成“任务”。诈骗分子声称想要得到“免费”的游戏产品，先要完成“小任务”，提供二维码给被害人。

4. 声称“返还”钱财。在被害人扫描二维码后，诈骗分子告知被害人会及时返还钱款，被害人扫码后上当受骗。

【案例】

一天，凌平（化名）在玩手游时看到一则赠送游戏皮肤的广告，面对送上门来的“免费皮肤”，凌平心动不已。于是，他按照广告上的提示，扫码添加对方为 QQ 好友。

“领取皮肤请扫下面二维码完成任务。”对方发来信息，接着给凌平发来一个二维码，让其扫码完成一个简单的小任务。

凌平扫码后，发现这个任务的确不难，但提示需要支付一笔费用，这让凌平有些犹豫。

“做任务的费用在做完任务领取皮肤后将原路返回，你可以放心。”还未等凌平询问，对方主动给他发来消息。

凌平虽有迟疑，但想着可以领取免费皮肤，抱着试一试的态度，开始扫二维码做任务。但是任务却一个接着一个，从 2 元、10 元，到 50 元、100

元……随着任务推进，凌平支付的越来越多，连续扫码支付了八笔之后，共支付了 7568 元。凌平再联系对方时，对方再也没有回复 QQ 消息。这时凌平才恍然大悟，后悔不已。

【检察官提醒】

在玩网络游戏的时候，以“免费皮肤”吸引买家，然后要求扫码完成任务或者要求支付款项的往往是骗局。网络游戏虽然也会偶尔发布免费皮肤的游戏任务，但正规的游戏经营商会在游戏内而非游戏外设置相应的免费皮肤任务。网络上的游戏用户，一般不会赠送游戏产品给陌生网友，看似“馅饼”，实则“陷阱”，“免费”的代价背后，可能伴随着的是各式各样的转账诈骗。

第四节　我是“网游便衣”

【骗术揭秘】

1. 寻找诈骗目标。诈骗分子利用小游戏软件上的个人生活动态和打榜情况（游戏账号充值和直播间送礼物）寻找诈骗目标。

2. 取得信任。诈骗分子锁定诈骗目标后，便利用和对方一起玩游戏、拜师等方式了解对方，逐渐取得对方信任。

3. 诱骗钱财。诈骗分子等待时机成熟，便以没钱看病、急需还信用卡等虚假理由诱骗对方钱财。

4. 施加威胁。在对方不愿意转账时冒充网络警察，称对方系未成年人，在游戏软件上充值大量钱财需要上交保证金，否则告知其家长。

【案例】

杨宁、张灿、刘鹏、陈亮（均为化名）4 人是在小游戏 App 上认识的，4 人组建了一个名为“F4 暴富”的微信群，打算通过小游戏 App 对未成年人进行诈骗，借此发一笔横财。

他们通过观察小游戏上的个人生活动态和打榜情况，判断用户年龄，很快便锁定了一名初中生张明（化名）。他们先向张明发出了游戏邀请，与张明一起玩游戏、拜师，逐渐获取张明的信任。一周后，杨宁称其生病需要钱医治，想向张明借 3600 元，张明拒绝。被张明拒绝后，4 人声称他们其实是网络“便衣警察”，发现了张明是未成年人，且经常在网上充值的事实，声称要告知其家长和学校。

张明非常害怕，4 个假“便衣”随即表示如果张明能转账 5000 元保证金至相关账户，他们就不会告知家长。张明信以为真，通过偷偷绑定的家长银行卡账户转了5000元到指定账户。后被家长发现，遂报警。

【检察官提醒】

文明规范上网，家长及时监督。广大家长应当引导未成年人正确使用互联网，谨防电信网络诈骗套路，帮助未成年人提高识骗防骗能力，并加强自身微信、支付宝、银行卡等支付方式的监管，守护好自己的“钱袋子”，不给不法分子可乘之机。

第五节　手游代练

【骗术揭秘】

1. 伸出“援手”。诈骗分子利用游戏公共聊天窗口，发送可以帮忙刷游戏金币和钻石等消息，并且放出联系方式，等待目标用户。

2. 介绍方法。等待目标用户添加联系方式加入群聊后，发布刷游戏金币和钻石的方法，并且提供相关网址。

3. 充值金额。目标用户登录诈骗分子提供的网址，注册账号和绑定银行卡，并告知对方自己的账号和密码，让对方帮忙充值。

4. 提高金额。在目标用户初次充值之后，诈骗分子谎称新用户需要充值一定数额才不会冻结用户账号。

5. 转走充值金额。等到目标用户充值一定的数额后，诈骗分子不仅没有帮忙刷游戏金币和钻石，并且把账号的充值金额全部提现。

【案例】

郑强（化名）在玩一款叫“哈某某特”的手游时，在游戏的公共聊天框里，看到有网友发了一条消息，称可以代刷游戏里的金币和钻石，有需要的可扫码进 QQ 群。

看到此消息，刚好想升级游戏装备的郑强心动不已，马上扫码进群了。郑强按照群里发的步骤截图，先添加了客服为好友，并点击打开了客服提供的网址。打开网址后，郑强按照客服提示，先充值了 2000 元到自己的 QQ 账号里，随后将自己 QQ 账号和密码告知了对方，对方称后续会登录他的账号帮他刷金币和钻石。郑强等了好几天，发现自己的游戏金币和钻石并没有增多，于是连忙去询问网站客服，对方以“郑强是第一次申请刷金币和钻石的新人”“系统这几天出现错误”“需达到指定金额才能退款，否则账号将会被冻结”等理由，先后让郑强充值了一次 4000 元、三次 2000 元，总共 10000 元。

又过了很多天，客服仍然没有反馈消息，这时郑强越想越不淡定，越想越可疑，意识到自己有可能被骗了，立即登录 QQ 账号查看，发现充值的 Q 币都被人刷走了，游戏里的金币和钻石也没有到账，郑强后悔莫及，呆愣了好久才终于想起来报警求助。

【检察官提醒】

游戏玩家越来越多，找“游戏代练”节省时间的需求也随之出现，但是要注意，骗子也会利用玩家的这个心理从中牟取钱财。在游戏内一般都会有保护游戏账号财物的设置，不轻易添加游戏用户的其他社交联系方式。当对方要求你在游戏外充值、付款时，要提高警惕，如果出现要求多次付款，是诈骗无疑，切莫相信他人的说辞而进行金额充值。

第六节　福利领取

【骗术揭秘】

1. 发布虚假消息。诈骗分子在游戏软件的聊天框中，发布大量的免费领取游戏福利的虚假消息，吸引游戏用户的关注。

2. 指引途径。诈骗分子等待游戏用户添加好友后，将其拉进群，介绍获取福利的途径，先扫描二维码填写领取信息。

3. 制造问题。在游戏用户进入网页填写领取信息后，在网页制造微信被“冻结”的假象，指引游戏用户联系“管理员”和“处理员”。

4. 转账验证身份。“处理员”告知游戏用户如果想要解冻，需要转账一定数额的钱款至指定账户，用来验证微信本人身份。诈骗分子收到转账后，立刻拉黑游戏用户。

【案例】

一天，裴军（化名）在玩游戏时，游戏聊天框内弹出一条“进群可免费领取游戏福利”的消息，他内心暗喜，生怕错过优惠，一秒都没有犹豫便点击进群了。

进群后，一位网名叫“派送员”的人主动和裴军聊天。

“扫二维码可以领取免费游戏福利。”

裴军不疑有诈，使用微信扫描二维码并填写了相关领取信息，突然网页显示“您的微信即将被冻结”。裴军有点慌了，赶紧联系群里的“管理员”。

“您是操作不当引起的，请联系处理员咨询解决方案。”随后“管理员”给裴军分享了一个微信名片。裴军添加对方好友后说明情况，“处理员”回信息。

“微信是您本人使用吗？请向下面账号转账验证，验证成功后款项将退回给您本人。”

裴军信以为真，按对方要求进行操作，先后向对方指定的账户转账了48000元。而当裴军询问对方处理结果时，却惊讶地发现自己居然被对方拉黑了，直到此时裴军才恍然大悟，原来自己以为的“馅饼”不过是个“陷阱”而已。

【检察官提醒】

在玩网络游戏时，游戏福利往往是通过官方平台充值或者自己升级取得，不要扫非官方渠道的二维码，因为其中可能隐藏了病毒或者虚假网站链接。不管是游戏账号问题，还是微信等其他软件账号出现问题，都应该到官方网站、官方微信公众号或者拨打官方客服电话等正规途径寻找解决办法。当被要求填写个人信息时，必须再三确认所登录网页、App等是否真实可信，避免被不法分子利用。

第十一章　中奖类诈骗

【常见类型】

中奖短信诈骗；中奖纳税诈骗；虚假中奖链接；中奖退税骗局等。

【易受骗人群】

老年人、学生群体等。

【作案手法】

犯罪分子往往通过非法渠道收集公民个人信息，利用伪基站或者互联网软件群发虚假中奖信息或邮件、随机拨打电话号码，编造中奖信息，指引被害人在相关网站或者软件登记银行卡账号等信息，向指定账户汇款，转走被害人钱款。

【防骗要诀】

天下不会随意掉“馅饼”。不要轻信“中大奖”短信，不轻易接听陌生电话及轻信电话内容，保持自身理智。如涉及中奖、扣税等情况，到官网或线下营业点核实，不要轻易提供个人信息和银行卡信息，不汇款、不转账。

流程

中奖诈骗

撒网——引导——付费

1. 通过社交平台、手机短信发布中奖信息：

虚构中奖：现金、贵重实物奖品、购物优惠等

2. 引导目标：登录平台或者下载软件

需要在平台或者软件领取奖品、奖金

3. 要求付费：App功能费、实物奖品折现手续费、支付税费

第一节　天降大奖

【骗术揭秘】

1. 非法获取信息。诈骗分子非法购买公民个人信息，为下一步诈骗做准备。

2. 虚构中奖项目。诈骗分子通过收集到的公民个人信息，利用伪基站或互联网软件随机发送中奖短信。

3. 引诱交易。诈骗分子以需转账手续费、个人所得税等理由要求被害人向指定账户汇款。被害人在贪利心理的驱使下，一步步掉入诈骗分子设下的陷阱。

【案例】

老章丧偶后，不想拖累在大城市打拼的子女，就自己一个人在老家小县城居住，平时闲得无聊，就爱用手机刷刷短视频打发时间，有时也参加视频中主播推荐的一些抽奖活动，碰碰运气，娱乐一下。

某天，老章收到了一条短信："尊敬的章 ×× 先生，我们很高兴地通知您，您在我们 ×× 视频平台抽奖活动中，抽中了洗衣机一台，请今天内与我们客服 152×××××××× 联系，逾期将视作弃奖处理。"老章一看自己中奖了，高兴极了，立即拨打了短信中的电话号码，跟对方联系。

接电话的是一位说着一口标准普通话的声音甜美的女性，在交谈中，对方不但知道老章的身份证号码，还亲切地问是不是将洗衣机寄到某某小区某某门牌号（老章的居住地址），这使得老章对自己中奖这件事更加确信。然而，对方提出了领奖的前置流程，即在网上登记信息，这让老章犯了难，因为他不会使用电脑上网。老章心想，这么好的机会可不能错过，于是加上对方好友，让其线上指导操作，老章就答应网上登记信息。在登记中奖信息过程中，诈骗分子要求老章提供银行卡号码和手机上收到的验证码，几番周折，对方终于告诉老章成功领取了奖品，让老章等待几天，奖品将邮寄到家。

老章耐心地等待了一个多星期，一直没有等来奖品，拨打原来的中奖联系电话，却变成了空号。

直到有一天，老章使用平时孩子给他存入生活费的银行卡取钱时，才发现银行卡没有钱了，银行工作人员帮忙查询，才知道他银行卡内的钱都被转走了。

“天降大奖”的背后竟然是奖品和钱财不翼而飞。

【检察官提醒】

生活中人们常常被“天降大奖”等广告吸引，对于“动动手指就能获利”更是没有抵抗力，建议不要轻信来自非正规渠道的“中奖”“返现”等信息。在得知中奖时，要保持冷静，通过官方途径了解核实。最“保险”的方法是不要私下交易，不要轻易汇款、转账。

第二节　折现的代价

【骗术揭秘】

1. 吸引关注。诈骗分子通过微博等平台发布虚假抽奖活动，吸引广大网友的关注。

2. 发送虚假中奖信息。诈骗分子发送“恭喜你成为幸运儿，请按照以下步骤参与活动”等类型的私信，引诱被害人。

3. 编造理由。诈骗分子给予被害人抽奖的机会，表示奖品可以折现，需要收取适当费用，诱骗被害人付款。

4. 诱导汇款。诈骗分子以需要激活费、可全额返现等，进一步诱导被害人向指定的账户加大汇款金额。

【案例】

苏女士在家中刷视频，看到了一个亲子手绘照片的视频号，她很感兴趣，就联系了对方并添加了好友。对方很热情，还发了一些作品给苏女士看，价格非常实惠，只需要 19.9 元，还包邮到家。苏女士便把自己的生活照发给了对方，想让对方帮其手绘照片。

对方说目前在搞推广活动，如果购买推广产品，即可参与中奖率为 100% 的抽奖活动，机会不容错过。苏女士高兴极了，按照对方提供的链接，挑选了价格 300 元的鞋子，完成支付后并参与抽奖，还真别说，抽中了价值 3000 元的抽油烟机一台。苏女士喜出望外。

然而，苏女士家里的抽油烟机还很新，不需要更换。对方说如果不需要奖品的话，可以兑换成现金，但需缴纳 20% 的手续费。苏女士算了一下，只需要支付 600 元就能拿到 3000 元现金，划算得很，二话不说就按要求转账。

可是对方又以银行卡限额为由，让苏女士继续转账激活。对方以 100% 中奖的抽奖活动击破心理防线，苏女士放下了必要的警惕，继续转账激活，成本持续加大，直到最后苏女士越发觉得不对劲，才意识到被骗了，马上报了警。

【检察官提醒】

抽奖诈骗往往利用人们的贪利心理，借助网络等媒介发送虚假中奖信息，继而以收取手续费、保证金、邮资、税费为由，骗取钱财。网络抽奖被骗的例子不少见，大家勿轻信“100% 中奖”等虚假宣传，通知中奖、领奖让先交钱的往往是诈骗。

第三节　兑奖的费用

【骗术揭秘】

1. 群发信息。诈骗分子利用互联网软件，向大量用户发送虚假抽奖信息或邮件，引诱被害人参与，伪装中奖信息。

2. 取得联系。被害人一旦主动联系兑奖，诈骗分子就以“个人所得税”“公证费”“转账手续费”“滞纳金”“违约金”等名目要求被害人汇款。

3. 取得汇款。由于中奖额度高，诱惑力大，被害人便听信诈骗分子的转账要求，将钱款转到指定账户。诈骗分子银行卡账户收到钱款后，立刻转移至其他账户。

【案例】

2022 年 12 月，刁某刷微博时，偶然看到关注的人转发微博参与抽奖的消息，便抱着试试看的心态，参加了活动，转发了该次抽奖的消息，希望行大运抽大奖，改善生活。

当天傍晚，他便收到了消息。“叮咚！您好，您参与的抽奖活动中奖啦！请在今天内抓紧时间兑换奖品噢！”刁某心想，这天大的富贵轮也该轮到我了吧，经常看到别人在微博上发布收到中奖通知的消息，这是互联网常用的抽奖方式，不会有什么不妥的。二话不说，刁某点开链接一看，呼呼！原来自己中了价值 7000 元的苹果最新款手机。

刁某立即与微博博主取得联系，商议领奖事宜。对方称领取奖品需要支付 20% 个人所得税，刁某没有任何怀疑，也忘记核实对方关于抽奖的相关信息，迫切地想要得到奖品，便通过扫码付款的方式，给对方转了 1400 元。而后对方又以需要缴纳保证金、手续费等各种理由，多次要求转账，刁某被引导着一步步转出钱款，累计转账 6000 余元，转出的钱款逐步逼近自行购买苹果最新款手机的价格，对方依然以各种理由要求继续转账。

刁某逐渐意识到不对劲，试图联系微博博主催促发货，却发现对方账号已经被封号，最后财物两空，损失惨重。

【检察官提醒】

微博抽奖作为常见的宣传活动，门槛日渐降低，规模壮大，会被诈骗分子用来寻找“猎物”。如果收到中奖信息，一定要确认信息真伪，多方求证核实抽奖活动主办方是否值得信任，巨额抽奖及中奖信息来源不明的不要轻易相信。遇到以上情况，可上官方网站查询相关信息，或拨打客服电话确认信息真伪。要求转账、支付费用要提高警惕，核实真实情况才可转账。

第四节　撤销的退税款

【骗术揭秘】

1. 虚构事实。诈骗分子通过发送信息或者拨打电话，告知被害人中了大奖，吸引被害人关注和主动联系。

2. 延时转账。被害人主动联系诈骗分子后，诈骗分子让被害人提供个人银行账号方便汇入中奖款项，并通过延时到账，让被害人误以为已收到款项。

3. 诱导交易。被害人信服后，诈骗分子以忘记扣个人所得税、错误操作等理由，让被害人向指定银行账户转账。

4. 撤销转账。被害人汇款到指定银行后，诈骗分子在当天撤销转账，使被害人蒙受损失。

【案例】

刘某最近买了一辆价值百万元的宝马车，某天在公司上班时接到一个陌生电话，告知刘某购买宝马车时中了大奖，可以享受退回购置税 10 万元的优惠。刘某开始还有些怀疑，但是对方清楚准确地说出了刘某购车日期、地点以及车主身份证号码，说得有板有眼，又不像是骗人的，他想着，反正只需要给银行卡账号给对方，自己也没有什么损失，抱着试试看的心态，就将自己名下农业银行卡账号提供给对方。激动之余，刘某完全忽略了核实对方身份，也没有拨打电话咨询汽车销售公司是否有类似的活动。

刘某收到 12 万元的进款信息，随后对方跟刘某说由于刚上班不久，不熟悉业务造成操作失误，多转了 2 万元，请求刘某退回钱款 2 万元，否则公司要让自己承担损失。刘某看到自己账号确实进账 12 万元，殊不知对方设置了延迟到账，自己并没有真正收到该笔钱款。刘某没有仔细核实这种跟平时不一样的转账方式，相信了对方的话语，便按照对方的要求，登录自己的手机银行，转账退回2万元给对方。不久，刘某收到提示：对方撤销了转账。

刘某以为是对方又一次操作失误，试图联系对方，发现对方的号码已经变成空号，才发现自己被骗，立刻报警了。

【检察官提醒】

在生活中，一些用户偶尔会收到相关“中奖”的短信或者接到“中奖”的电话。在接到“中奖”电话时，要保持警惕，天上不会掉馅饼，不要轻易向他人透露银行卡号等个人信息。如对方提出汇款至自身账号、汇款后需要补缴税款、返还钱款至指定账号等要求，要仔细核实对方的身份及对方账户名称，切忌对私人账户转账。退税政策的出台一定会通过媒体发布权威信息，不会以电话或短信的方式通知，不要盲目相信。

第五节　内部资料投注

【骗术揭秘】

1. 发布信息。诈骗分子通过网络社交平台、交友软件、直播软件等发布高概率彩票中奖广告，引诱被害人。

2. 下载 App。被害人联系对方后，诈骗分子利用被害人希望中奖心理，虚构可以提高中奖概率信息，让被害人信以为真，要求下载相关 App。

3. 充值会员。在被害人下载好 App 后，诈骗分子以获取资料需要充值会员、缴纳费用等理由引导被害人充值会员。

4. 中奖提现需转账。被害人投注彩票中奖后，诈骗分子告知被害人需要转账一定数额才能激活账户，最后骗走钱财。

【案例】

李先生一直有线下买彩票的爱好，但是因为工作忙，经常错过买彩票的时间。今年 5 月，李先生在手机上刷短视频时，看到一则“彩票中奖”的短视频，该短视频大致介绍了在手机软件上买彩票的便利，而且玩法多样、消息丰富，通过大数据分析得出内部资料，中奖率高。李先生看完之后觉得方便多了，于是便在该视频进行留言并与对方取得联系。

对方很热情地向李先生介绍了相关信息，号称手机软件上有独家一手内部资料，可以极大地拉高中奖率，很快地取得了李先生的信任。接着，李先生根据对方的要求下载某 App，该 App 的作用是获取内部中奖资料。李先生下载安装后，对方说只有充值会员才能查阅内部资料，李先生便按照对方要求转账到指定账户进行充值、投注。

刚开始，李先生只是试探性地充值 100 元，根据内部资料下注买彩票，一投注就中了二等奖，奖金 20 万元。李先生想要提现至自己的银行卡上，对方又说需要转账 10% 的中奖金额激活账户才能提现，待李先生向对方指定账户转账 2 万元后，却依旧显示无法正常将中奖金额提现到个人银行卡，提示的原因是提现数额不够，仍需要转账一次才能激活账户，李先生这时才发现自己上当受骗了。

【检察官提醒】

网络上的各种彩票广告真假难辨，线上购买彩票中奖最后被骗的例子也不少见。购买彩票保持平常心，中奖固然开心，不能中也是回馈社会的一种方式。彩票购买要通过正规途径，不通过不明 App 或者不明渠道购买彩票。彩票开奖具有随机性，没有人可以控制，更不会有所谓内部消息，所谓提高中奖概率都是诈骗。

第六节　纳税陷阱

【骗术揭秘】

1. 中奖通知。诈骗分子通过拨打电话或者发送短信，提示被害人中奖。

2. 冒充身份。诈骗分子冒充工作人员、客服人员等人员，联系被害人，要求核对身份信息，获取被害人信任。

3. 缴纳税款。以领奖需要先缴纳税款、手续费、公证费等理由，要求被害人转账一定金额，诈骗被害人钱款。

【案例】

李大娘接到一个电话，对方恭喜她获得了央视某热门综艺节目场外观众大奖，还告知李大娘过两天会有客服人员与她进行电话联系。第二天，李大娘果然接到“客服人员”电话，对方先核对了李大娘的相关身份信息和家庭住址，并告诉李大娘场外观众大奖奖品为一台65英寸某品牌电视机，但在领取前需要先缴纳两千元的税款及快递费才能邮寄。李大娘心想，我平时老是看这个综艺节目，对方连我的地址和身份信息都知道得一清二楚，肯定不能是骗人的，只需要给2000元就能获得一台电视机，这也太划算了。

“客服人员”与李大娘贴心地聊了很久，李大娘十分高兴。挂掉电话后，李大娘兴冲冲地去银行汇了2000元到指定账户。

李大娘耐心地等待了十几天都没有收到任何快递，她决定给客服打个电话询问情况，结果显示无人接听，方知被骗。

【检察官提醒】

生活中，许多人会对熟悉自己个人信息且热情的电话客服人员充满信任，对方告知自己中奖更是深信不疑。收到中奖电话、中奖短信请保持冷静，核实对方身份、中奖信息是否真实，切勿放松警惕，谨防中奖诈骗。诈骗分子常要求缴纳税费、手续费等要求转账，此类要求多是诈骗，不要轻易转账。

第十二章　其他类型诈骗

【常见类型】

升级网银骗局；恶意二维码；专利转让骗局；个人账户注销诈骗；红包群诈骗等。

【易受骗人群】

待业人员、老年人、学生、青年单身群体等。

【作案手法】

犯罪分子往往通过广泛撒网，能准确说出被害人信息，花样百出地制造骗局赢取被害人信任，提示办理各项业务，指引用户根据短信或电话提示，登录到指定的网页并进行相关操作，诱骗转账、汇款，盗取用户的用户名、密码以及动态口令。

【防骗要诀】

牢记未知链接不点击，陌生来电不轻信，个人信息不透露，转账汇款多核实原则，增强风险防范意识，遇到相关问题应向银行咨询核实。

"工作笔记"

征信

联系——取信——贷款

1. 联系目标、包装身份（银行、银保监、贷款平台）

2. 用话术获取信任：

"开通过校园贷、助学贷，账号没有注销"——影响征信

"信用卡、花呗等有不良记录"——影响征信

3. 以帮他消除不良征信为由→引导到网贷平台、金融 App 贷款→转到指定账户

注：本页内容引用自环球网文章《"杀猪盘""杀鸟盘""杀鱼盘"……快看！骗子"工作笔记"曝光了！》

第一节　二维码红包

【骗术揭秘】

1. 犯罪分子利用非法获取的被害人个人信息，通过社交软件向被害人发送二维码或者附随快递寄送二维码。

2. 在附送二维码中利用扫码赠送礼物、领取红包或者折扣优惠等诱惑被害人扫码。

3. 植入木马程序，获取被害人银行卡等信息，转移被害人资金。

【案例】

陈女士是一位全职家庭主妇，平时经常需要网购生活用品，但是她通常都会货比三家，特别是那种包邮、打折、返现的商家最能得到她的“青睐”，她也常常说自己是一位会过日子的“贤内助”。

最近，陈女士发现一家网店承诺购物 500 元以上能返 100 元的红包。哎哟喂！这便宜怎么能不占呢？陈女士立马在这家店挑选了一件 300 元的衬衣给丈夫，一条 150 元的连衣裙给女儿，又给自己买了一套 50 元的衣服。终于凑够了 500 元的订单，陈女士连忙询问卖家如何获得红包。卖家给陈女士发送了一个二维码，告诉她只要扫描二维码，就可以领取红包了。但是陈女士扫描后发现，店家所说的红包界面并没有出现。陈女士急忙联系卖家，卖家告诉她是网络原因，让她又继续扫了几次。陈女士照做后，还是没有获得返现红包，她再次跟卖家联系时，卖家已经下线了。

过了几天，陈女士发现自己的银行卡被盗刷，就立即报了警。经警方调查，陈女士当时扫描的二维码中含有木马病毒，骗子盗取了陈女士的银行卡信息，然后伪造虚假交易记录盗刷了陈女士的银行卡资金。

【检察官提醒】

生活中二维码应用越来越普遍，给生活带来便利的同时也带来了风险，让犯罪分子有机可乘。大家在扫描二维码时要注意渠道是否正规，识别二维码来源，不扫描来源不明的二维码。可以开启手机防病毒功能或者加装专业的病毒识别软件，协助判断二维码是否植入木马程序或者引向恶意网站，确保上网安全。

第二节　停机警告

【骗术揭秘】

1. 盗取电话信息。诈骗分子通过不法手段，盗取大量手机号码信息，熟知电话背后关联的实名信息，虚拟官方号码进行电话诈骗。

2. “停机警告”。诈骗分子虚拟官方的电话号码，拨通被害人的电话后，正确说出被害人的身份信息，让被害人放下防备，以为是官方来电。诈骗分子告知被害人，其手机号码被举报，可能有停机危险。

3. 扮演“警队”，制造恐吓。诈骗分子成功欺骗被害人可能涉及停机风险后，指引其联系“警队”，以涉嫌违法犯罪使被害人产生恐慌心理。

4. 要求转移资金，骗取钱财。被害人联系“警队”后，“警队”谎称不能到达现场只能网上联系，接着欺骗被害人其账户需要进行资金转移，最后成功骗取被害人钱财。

【案例】

涂某正在家里兴致勃勃地看着电视，突然接到一个显示为“通信管理局”的电话。涂某持怀疑的态度去查询了通信管理局的官方号码，发现该号码与官方号码一致，只是前面多了一串数字，以为就是官方来电，就想着接电话看看对方有什么事，于是接起电话。

“通信管理局”的人员先是准确说出涂某的身份信息，又告知涂某在 6 月注册了一个 184 开头的手机号，该手机号被用户举报，现在要对涂某名下的手机卡进行停机处理，并帮其转接到“北京通州刑警队”。

之后，一名自称“刑警队”的男子拨通了涂某的电话，问其能不能赶到北京，如不能只能通过 QQ 联系，于是加了 QQ 并告诉涂某涉嫌洗钱，需转账到他们的公证账户。涂某信以为真，生怕自己可能会犯罪，便听从“警队”男子的指引，先后共转了 82 万元给对方。转账成功后，涂某再联系“警队”男子，发现对方已经将自己的 QQ 删除，便立刻报警。

【检察官提醒】

生活中有部分人员禁不住骗子简单甚至荒唐的威吓，听到“办案”“洗钱”“欺诈”等词汇，就六神无主，连忙投降交钱。接听陌生电话时不要随便相信对方的身份，也不要轻易透露个人信息，在任何时间、任何地点、对任何人都不要同时说出自己的身份证号码、银行卡号码、银行卡密码。当不能辨别短信的真假时，要在第一时间先拨打银行的查询电话，不拨打短信中所留的电话，不用手机回拨电话，最好找固定电话回拨。对于一些根本无法鉴别的陌生来电，最好的做法是不要理会，如果已经上当，请立即报案。遇到恐吓要淡定，说你违法莫慌张，一旦难分真与假，赶紧拨打 110。

第三节　不良征信

【骗术揭秘】

1. 伪装身份。犯罪分子以被害人京东金条、京东白条、支付宝花呗、借呗利率高于国家规定，或以被害人在学生时期用过的校园贷、京东金融、支付宝的账号，不符合国家规定需要注销账号等理由，谎称需要下调利率、关闭账号，消除对个人征信的影响。

2. 假冒官方网站。发链接让被害人进入假冒的“人民银行服务中心”“银监会”“京东数据处理中心”网站，引导被害人查询个人征信，以在线客服的身份发送假冒的工作证、征信证明取信于被害人。

3. 诱导转账。以“被害人关联多个贷款平台需要清空额度”为由诱骗被害人到多个平台贷款，编造验证资金需要先将到账钱款转到所谓“银保监会监管账户”等借口诱导被害人转账。

【案例】

曹先生是一个个体商户，平时做生意，资金较为紧张，时不时会在各个平台上申请一些小额贷款，但由于他按时归还本金和利息，一直没有出过纰漏。某天，曹先生接到一个陌生电话。

“您好，请问是曹先生吗？”

“是的。”

“这边是支付宝的客服，工号 ×××。我们查询到您的支付宝账号有开通贷款业务，按照国家规定，要将小额贷款及时取消，否则影响个人征信。请您登录网站查询个人征信是否已经受到影响。”

对方提供了“中国人民银行征信中心”的网址查询个人征信报告。曹先生登录对方提供的网址查看了自己的征信，果然有一笔不良征信记录将在三天内正式纳入个人信用报告。曹先生担心不良征信记录会影响自己的生意，于是他急忙与网站在线客服联系。

“您好，曹先生。按照规定征信不良记录消除需要对银行流水认证，稍后会给您发送一个银行账户用于认证流水，请您按指示进行银行流水认证。”

对方发来银行账户，曹先生连忙按照客服所说的，将资金转到对方提供的银行账户，金额也按客服说的由小到大操作转账了三次。直到第三次转账后，曹先生感觉不对，发现自己被骗了，但是转入的钱已经被骗子转走，曹先生前前后后损失了 27 万元。

【检察官提醒】

个人信用报告是征信机构把依法采集的信息，依法进行加工整理，最后依法向合法的信息查询人提供的个人信用历史记录。个人征信由中国人民银行征信中心统一管理，任何单位与个人都无权擅自删除修改。个人征信查询要到官方网站或者银行网点查询，确保信息真实性。中国人民银行征信中心不会以短信、电话或邮件的方式向信息主体告知涉及贷款、金钱或者其被纳入黑名单的信息，因此声称可以“帮助消除个人征信不良记录的”，都是诈骗。

第四节　升级网银

【骗术揭秘】

1. 设置“钓鱼网站”。诈骗分子事先设置一个与正规的银行官方网站非常相似的虚假银行网站，通过虚拟增加一个“网银升级”链接，诱骗用户点击。

2. 群发手机短信。诈骗分子群发手机短信，谎称被害人的网银即将要过期，需要升级，并提供一个号称官方网站、实为钓鱼网站的链接。

3. 后台获取信息。一旦用户根据短信提示，登录到指定的网页并进行相关操作，“钓鱼网站”将通过早已设置的木马程序，获取用户的用户名、密码以及动态口令。

4. 转移用户存款。诈骗分子用木马盗取用户的用户名、密码以及动态口令后，会在极短时间内，把这些信息输入到正规的银行官网，将用户账户内的资金迅速转走。

【案例】

小李是一个“二次元”宅男，每天下班后的闲暇时间喜欢宅在家刷动漫，还特别喜欢购买动漫人物手办。由于国内购买渠道不多，小李一般都是在“某鱼”App上求购。这几天，小李“捡漏”了一个一比一真人版神音手办，连着几天做梦都梦到自己抱着手办睡觉。

一天，小李在家中接到了一个电话，电话中自称是“某鱼”App的卖家，她告知小李，他在“某鱼”App上买的东西虽然付过钱了，由于网银未升级，资金被延迟到账，需要在另外一个网站上操作升级，再重新提交一次订单。挂了电话后，对方很快便将网站链接发了过来。信以为真的小李打开链接，发现网站只要求提交个人银行卡卡号、身份证号、开户行信息等。小李想，不需要提供银行卡支付密码，那对银行卡里面的钱没影响，看来应该假不了。

于是小李按照提示输入了自己的资料。当小李点击下一步时，网站又要求他提供订单号。就这样，小李一步步地按照提示操作，提供了成交时间、送货地址、个人手机号码等一系列信息。最后网站要求提供验证码的时候，小李也稀里糊涂地将刚刚短信收到的验证码填了上去。结果，小李刚按下确定，就收到了银行扣费短信，他这才恍然大悟，知道自己上当受骗，于是报了警。

【检察官提醒】

网络银行的升级流程需要登录银行的官方网站，在网站主页登录网银账号，下载安全组件，使用网银盾等一系列操作。网银是否需要升级，银行工作人员或者银行官方网站会有提示，交易网友无从知晓交易对方的网银是否需要升级。网友发来的链接网站，要谨慎识别，切记不透露银行卡、身份证、密码、验证码等信息。

第五节　专利转让

【骗术揭秘】

1. 联系专利所有权人，以购买专利或者帮助联系转让专利、承诺高额回报等理由，诱惑专利权人。

2. 对专利权人作出虚假承诺，保证使专利转化为商业价值，同时要求专利权人支付保证金等，骗取专利权人财产。

【案例】

陈伯是一家国企的资深技术人员，虽然上了年纪，但是搞起研发来，跟年轻人没啥区别，敢冲敢拼，企业领导一直对他尊重有加。陈伯平常也喜欢利用空闲时间鼓捣一些新奇的东西，因此获得了不少个人专利。

这一天，陈伯接到一个自称某知名科技公司员工的电话，声称发现陈伯有一项手提箱式折叠自行车的专利很好，表示只要他出一笔保证金，就能将该专利放到他们平台，由专人和企业对接，让企业购买其专利进行生产出售，陈伯作为专利持有人就能轻松获取企业每年销售额的 30% 作为回报。高额的回报令陈伯十分心动，双方约定由该科技公司负责安排投资方购买陈伯的专利，但陈伯必须先交付保证金 3 万元。

为了尽快转化自己的专利，陈伯当即赶到附近的银行想要汇款。其间，对方一直用电话跟陈伯继续沟通后续的合作事宜，还不停地催促陈伯转账。当时，银行值班的卢经理听着陈伯嘴里不停地念叨着转账、专利的字眼，还一直在打电话，觉得这事不对劲，就让陈伯多核实一下。陈伯立即生气了，大声说，你一个小小的银行大堂经理，耽误我的合作项目你赔得起吗？卢经理见劝说不了陈伯，连忙示意员工报警，并让柜台人员假意帮他办理，以此拖延时间。最终民警赶到现场，向陈伯揭示了骗子的伎俩，陈伯才恍然大悟，不好意思地向卢经理道歉。

【检察官提醒】

对于专利权人来说，自己的专利若能在平台上展示，有助于获得更好的投资和转化机会。专利相关手续的办理要严格按照规定流程，可以通过专门的专业网站或者专利中介机构转让。对主动接触转让专利的人员，需核实身份信息。专利的商业转化通常会通过专利评估、技术开发、产品设计、生产制造、商业推广等多个环节，承诺回报百分之几的，很有可能是骗局。

第六节　如此砍价

【骗术揭秘】

1. 帮忙砍价。诈骗分子往往通过各种社交平台添加好友，发送链接给被害人，请求帮忙砍价。

2. “举手之劳”。被害人顺手点进诈骗分子发送的链接帮忙砍价，发现果然砍价成功。

3. 诱导填写个人信息。诈骗分子在设定的链接里，设定提示要求砍价人填写个人信息，也可“零元购”物品。

4. 转走钱财。被害人在链接内填写个人信息、银行卡信息，试图“零元购”，后发现社交平台绑定的银行卡余额被转走。

【案例】

李女士搬进新小区后，为了方便与其他业主联系，就加入了业主微信群。群里时不时有人低价销售水果、农产品等东西，李女士也试着买过，虽然商品质量都不怎么好，但是价格确实低廉。

这天，群里发来一条消息。

“商城购物，请帮忙砍价，最低有机会‘零元购’手机。”

李女士信以为真，立刻点击了砍价链接，页面要求输入自己的姓名和电话，李女士按要求输入姓名、电话后，页面上显示其成功砍价 399 元，同时提示信息。

“活动时间有限，填写相关信息再转发此链接，就有机会零元购手机。”

李女士赶紧填写了个人信息、银行卡账号信息，并转发链接。但李女士收到的不是砍价折扣信息，而是另一条短信。

“尊敬的客户：×月×日×时×分，您尾号为××的银行卡成功绑定××社交平台，支出人民币16000元，账户活期余额0.37元。”李女士的银行卡被绑定社交平台，存款16000元被全部转走。

【检察官提醒】

分享链接“砍价”常常作为平台宣传的手段，但这种营销模式也给了不法分子以可乘之机，广大网友要注意辨别不明链接来源，保护个人信息。诈骗分子利用商家帮忙砍价的营销手段，借机盗取网民的个人信息。参与砍价者的个人信息、银行卡号会被高价卖给黑客，或者被诈骗分子设置“钓鱼网站”划走社交网站所绑定银行卡内的资金。面对“砍价”“零元购”这种诱人的广告，请谨慎对待，冷静思考，确认信息来源，避免信息泄露造成财产损失。

第七节　点赞返利

【骗术揭秘】

1. 犯罪分子利用红包引诱被害人加入群聊，再趁机发布其他信息，引诱被害人进入网站或者下载 App。

2. 被害人登录指定网站或者 App 后，诱骗被害人完成各种任务获得返利或者佣金。

3. 小额返利赢取被害人信任，继续发布任务引诱被害人加大投入。

4. 以账户冻结、提现需要手续费、税费等理由阻止被害人提现。

【案例】

4 月 15 日，小张被陌生人拉进一个支付宝群，进群后小张就被群里的“红包雨”吸引，跟着群里的其他成员抢红包。

随后，群管理员说自己马上会发起一个“抖音点赞返利”活动，只要按要求完成任务就可以收到“高额返利”。小张抱着试一试的心态，根据对方要求下载了一款 App，并按照对方要求操作后确实收到了返利，于是便相信了对方。对方又称有新的充值任务，做完就有 30% 的佣金，接着群成员就陆续发出自己返利成功的截图。看到别人提现的截图，小张随即也按照对方发布的链接将 290 元存入一个陌生账户后，很快对方就将本金和佣金共 350 元打到了小张的银行账户。放下戒备心的小张，为做任务垫付了越来越多的钱。

在做完一单 3 万元的业务后，对方突然称因小张操作错误账户被冻结，无法提现。经过与对方沟通，对方称需要再做一单任务才能全部提现。小张按要求做完任务后，对方又以转账未成功为由，再次让小张转账。小张再次转账后，对方称其账户已经解冻，小张可提现 500 元测试一下。小张成功提现 500 元后，对方又以其操作失误账户再次被冻结为由，要求小张缴纳 138721 元的解冻费。交完解冻费后仍然无法提现，这时小张才意识到被骗，累计被骗 22.99 万元。

【检察官提醒】

在网络上，很多群聊声称做任务就可以领红包，是利用了人们贪小便宜的心理。大家对于不明群聊的消息要判断真假，警惕上当受骗。做任务挣钱、小额投入高额回报很有可能是诈骗说辞。天下没有免费的午餐，面对便宜的事物莫贪小便宜，不给犯罪分子以可乘之机。

第八节　桃色诱惑

【骗术揭秘】

1. 犯罪分子通过发布不雅视频、图片、文字等广告，引诱被害人下载App。

2. 以完成任务作为使用App的前置条件，诱导被害人充值、消费、刷单等。

3. 当被害人大量投入资金后，抓住其不舍得放弃的心理，设置各种激活条件、解冻款、保证金、充值额度等，要求被害人继续转账。

【案例】

某日，单身的小郑在租住的小区门口偶然看到了一张招嫖小广告。他环顾四周无人，就偷偷扫描了广告上的二维码下载了名为“某啪”的App。进入App后，小郑看到不少软萌妹子的照片挂在首页上，但是小郑想点击进去的时候，却显示权限不够。心急难耐的小郑连忙联系客服，客服告知其需要在App内完成相应的任务，才能提升用户权限。

小郑按照客服的指示，完成两次“任务”共计充值3.2万元，成为VIP1用户。小郑利用权限，终于能看到App里心仪女生的更多个人生活照，但是小郑想再进一步时，发现权限又不够了。客服告诉他，这是VIP2用户才有的权限，于是小郑又按要求完成了5个任务，转账了5.6万元充入账号。转账后客服以小郑操作失误，需要转账解冻账户等理由让他继续转账。小郑终于意识到自己被骗了。

【检察官提醒】

下载来源不明的 App 往往是一场诈骗的开始，大部分网络群体因无法分清软件来源是否正规而容易被不法分子利用。在生活中，要远离色情网站、软件，洁身自好，自律自爱，养成良好的生活习惯，不要浏览色情网站。面对网络上良莠不齐的色情广告和网站信息，不要轻易相信。要拒绝“桃色”诱惑，谨防被骗！

第九节　亲人住院

【骗术揭秘】

1. 诈骗分子通过各种途径获取被害人的个人信息、家庭信息，对独居老人及其子女进行诈骗。

2. 诈骗分子事先核实老人是否关机，以免被子女联系上。

3. 诈骗分子冒充医护人员告知其子女住院消息，利用子女十分担忧老人的心态进行诈骗。

4. 诈骗分子告知子女“医院收款账户”，指引转账，计谋得逞。

【案例】

莫某是一名保险销售人员，他跟进潜在客户刘某已经很久了。刘某独居在家，平时也不跟邻居走动，每次看到跟儿子年纪差不多的莫某过来都很热情地招呼他喝茶聊天，聊久了莫某也知道了刘某有个叫刘某一的儿子在外地工作，为人孝顺，只是工作忙经常在国内飞来飞去。

这天，莫某和往常一样拨打刘某的电话，却发现关机了。莫某本来就因为业绩不好被扣了奖金，他一下子就动了坏念头。于是他趁着刘某手机关机，冒充医院医护人员向刘某外地的儿子刘某一打电话称刘某突发疾病住院，需要预付 20000 元的住院费用。刘某一听后焦急不已，立即打电话与父亲核实，却发现父亲的电话关机了，这更加证实了父亲确实出事了。刘某一担心其父亲不预付费用就不能住院，于是听信“医护人员”莫某的话，立刻转账 20000 元至莫某提供的“医院收款账户”。最后，刘某一匆匆从外地赶回医院，发现父亲根本没有住院，这才发现自己上当受骗。

【检察官提醒】

生活中很多年轻人外出工作，和家人见面的机会很少，遇到家人出事难免焦急。在外地的子女要常与父母联系，多关心了解他们的身体状况，不要让别有用心的人钻了空子。在遇到声称自己家人“住院”的相关消息时，及时向家人拨打电话，并向医院核查真实性，不要轻易听信所谓“医护人员”的话！更不要随便转账！

第十节　培训退费

【骗术揭秘】

1. 诈骗分子通过各种渠道获取公务员考试培训班学员的消息，提前了解学员的个人信息以及考公情况。

2. 诈骗分子冒充培训班的工作人员，添加学员的微信，告知学员可以退学费，但需额外支付相关资料费。

3. 诈骗分子结合相关培训条款逐步使学员信服后，发送银行卡账号指引转账，钱到账后消失。

【案例】

小华毕业后一直想考公务员，报了一个考公“包过”培训班，培训机构承诺若没考上则退费。努力了一年的小华依然没有考上，于是就打算联系培训班退学费。

可是小华不知道她早就被犯罪团伙盯上了。骗子通过非法手段收集了小华平时浏览的网站，以及在网站登记的个人信息，同时还在她的朋友圈发现了她考公失败。于是，骗子冒充考公培训班的工作人员添加小华微信联系退费，并称根据培训协议小华是可以退费的，但是只能退一部分，需要先补齐 16800 元“资料费”“印刷费”“咨询费”等，再退 48000 元的学费。小华觉得考公一年期间也确实使用了培训班的很多资料，对骗子的话没有怀疑，便根据指引转账了 16800 元至其账号，并耐心等待退费。后来，小华通过培训班其他同学了解到根本无须额外支付 16800 元费用即可退费，才发现上当受骗。

【检察官提醒】

考公培训班在一开始报名的时候，就会告知学员全流程的学费、培训形式、培训协议等，有培训资质的机构一般都会签订合同。遇到口头通知退费可以从以下方面核实：第一，查阅订立的合同是否有关于退费的相关条款；第二，向培训机构的官方客服咨询关于退费的条件、退费流程等。若有相关“工作人员”联系补缴费用，须先核实其身份，要求出示相关证明，或者亲自前往线下培训班询问情况。

第十一节　灵活的网贷

【骗术揭秘】

1. 冒充借贷平台。通过发送贷款额度短信，告知被害人具有一定金额的借贷额度。

2. 提供链接。短信内提供链接，让被害人下载相关 App 申请贷款。

3. “冻结”骗局。犯罪分子告知被害人银行卡账号填写错误，已经被冻结，并指引其联系客服寻求解决方法。

4. 指引转账。被害人误信账号被冻结，按照客服指引转账资金至指定账户。

【案例】

林某最近生意不顺，资金周转困难，每天都在犯愁怎么获取资金。这天，林某突然收到一条自称“某借条”平台的短信，短信写着“您有资金需求吗？由于您的信用较好，现为您提供 30 万元的贷款额度，超低利息，手续简单，还款灵活，即办即批。”短信后面还附上了一个链接。

看到这，林某眼前一亮，自己的确需要资金周转，而银行贷款需要提供担保，审批时间又长，这个平台贷款手续简单，不正是自己需要的吗？林某立即点击链接并按指引下载了相关 App，填写资料申请贷款。此时，App 突然弹出提示“您的银行卡卡号填写有误，已被冻结。请向指定账户转账 25000 元解冻账户。”

林某心里一惊，立即拨打客服电话。客服安抚林某，并让其下载“信某通”App 并添加“客服专员”为好友。林某按要求进行了操作。客服专员说，这种情况有点麻烦，需要提供身份证正反面，还要在 8 小时内转账 25000 元用于解冻银行卡，否则解冻不了。如果超过 8 小时不转账，账户将会被永久冻结。林某心里纳闷，问客服："怎么解冻个账户还要这么多钱？"客服说："我们的贷款额度高，审批手续简化，这是我们为客户提供的福利，但同时，我们平台也承担了较高的风险。所以一旦涉及账户冻结等账户安全问题，程序上就相应提高了要求。"

林某听了觉得有一定道理，便向对方指定账户转账了 25000 元。转账成功后，林某将截图发给了对方，对方说需 30 分钟才能解冻。然而过了 30 分钟，客服再次说银行卡冻结，需二次解冻，要再转账 45000 元才能解冻。此时，林某才意识到被骗了，于是打电话报警。

【检察官提醒】

办理银行业务，应该从官方正规渠道办理，可以选择官方网站或者营业网点，不要轻信陌生短信内容，更不要下载陌生短信提供的 App。陌生短信提供的 App 常常有恶意代码，存在偷偷窃取用户信息的风险。银行账户不会因为填写有误而被冻结，如账户确实需要解冻，需要向银行提交个人身份证、银行卡信息等，而银行不会收取解冻资金、保证金等。

第十二节　“操作失误”

【骗术揭秘】

1. 编造转账错误的理由，发送虚假短信至被害人的手机，被害人误以为收到款项。

2. 要求“返还”。利用被害人的诚信善良，请求被害人将所谓“错误转账”的款项转到自己提供的账号上。

【案例】

张女士收到一条短信：“您尾号 ×× 的银行卡收到一笔转账，金额为 28000 元。”张女士感到疑惑。此时，一个陌生的电话打了进来。

“很抱歉，打扰你了。因为操作失误转账 28000 元到你的账户，麻烦你把 28000 元转账到下面账户可以吗，账户 ××××。”电话那头的声音听起来很焦急。张女士觉得这只是一个小错误，而且她也不贪图别人的钱财，所以她没有多想，直接按照对方的指示把银行卡上的 28000 元转账退还给对方。

第二天，张女士和朋友聊天时说起了这件事。她的朋友提醒她应该去银行查询一下自己的账户情况，以防万一。于是，张女士去了银行，结果发现她的账户确实少了 28000 元。她立刻意识到自己可能被骗了，于是赶紧报警处理。

【检察官提醒】

收到不明来历的钱款，首先要核查信息来源是否可靠，可以向银行客服发送短信，或者电话咨询是否有款项到账。如果错误转账的用户提出返还钱款时，应当核实对方身份，了解转账理由，并及时跟银行确认。经确认无误后，才能向对方转账。

第十三节　助学金

【骗术揭秘】

1. 锁定对象。针对社会经验少、辨别能力不足的未成年人或大学生群体。

2. 精准联系。以不法渠道获取被害人的电话号码，通过短信告知或者电话联系其可获得一笔助学金。

3. 设置条件。短信告知或电话联系被害人获得助学金需要先汇一笔钱进账户“激活”，才能成功汇款。

4. 诈骗得逞。被害人信以为真，为成功“激活”助学金账户，先将一笔钱款转账给诈骗分子操作，诈骗分子遂切断联系。

【案例】

经过十二年的寒窗苦读，小崔终于如愿以偿地被一所名牌大学录取了。在入学前的那个夏天，小崔接到了一个陌生的电话。

电话那头的声音听起来很和蔼，自称是政府的工作人员，说小崔学习刻苦，成绩优异，政府为了鼓励学生继续努力，决定给他发放一笔高额的助学金。小崔听到这个消息，心中既激动又感激，想着这样就解决了正在发愁的学费问题，便立马询问怎样获取助学金。

对方告诉小崔，要获取助学金必须先激活助学金账户，他们可以帮小崔激活，但是需要支付 1 万元的手续费。小崔犹豫了，说自己只有 7000 元，是刚准备好的这一学期的生活费。对方立马表示体谅，说考虑到小崔家庭不富裕，手续费可以减免，按 7 折收取。小崔万分感激，于是按照对方的要求，将 7000 元转账到对方指定的账户，一步步完成了操作。

然而，当转账成功后，对方却突然联系不上了。小崔焦急地拨打对方的电话，却发现已经关机。他开始怀疑自己是不是被骗了，于是赶紧向学校求助。

【检察官提醒】

广大学生尤其是即将入学的大一新生，要保护好自己的个人信息，以免被不法分子利用。如果接到电话或收到短信，声称可提供助学金时，请先向老师和当地教育部门咨询，千万不要擅自按照对方要求操作转账。申请助学金应走官方渠道，如果对方要求激活账户和转账，要辨别真假。

第十四节　欠费充值

【骗术揭秘】

1. 发送欠费信息。犯罪分子冒充供电部门向被害人发送信息，告知其家庭电费不足，需要及时充值，让被害人信以为真。

2. 制造“后果”。短信告知被害人若不及时充值，可能会面临停电的风险。

3. 提供链接。在短信中提供链接指引被害人前往相应网站充值。

4. 冒充网站。犯罪分子伪造官方网站，在里面设置“充值”选项，被害人信以为真，充值金额。

【案例】

有一天，郑先生正在家里忙碌着，突然手机响了起来。他拿起手机一看，发现是一条短信。短信上写着:“尊敬的用户，您的家庭电费已不足，请尽快点击链接充值。”郑先生想起自己好像确实有一段时间没有缴电费了，于是就信以为真地点击了短信中的链接。

链接跳转到了一个看似正规的网站，上面写着“××电力公司官方网站”。郑先生按照提示输入了自己的账户信息和充值金额，选择了3000元。然后，他点击了“立即充值”按钮。页面跳转了一下，显示充值成功的提示。

然而，当郑先生再次点击链接想查看是否缴费成功时，却发现网站已经打不开了。他试着刷新了几次，但还是无法访问。郑先生开始感到不安，他意识到自己可能上当受骗了，打电话给电力公司核查，发现这个所谓的“官方网站”并不是电力公司的官方网站。郑先生这才恍然大悟，原来自己被骗了。

【检察官提醒】

若收到短信告知家庭电费不足或欠费，请拨打供电部门的官方电话或者到服务网点核实。核实信息真实后，使用官方的途径缴纳费用，也可到线下营业网点或者银行支付。陌生短信、邮件、社交工具中发来的链接，很可能是恶意链接，不要随意点击。

附：公安机关报案和自救途径

我国对诈骗犯罪保持高压严打之势。从刑法机能来看，除了要及时打击犯罪，还要通过追赃挽损等司法机制去追回损失，保障被害人的财产权益。但是，诈骗罪，尤其是电信诈骗往往与掩饰隐瞒犯罪所得罪相关联，即犯罪嫌疑人通常会将诈骗所得赃款在短时间内直接或间接通过转账、提现、取款等方式，将诈骗所得赃款进行变现、分成、消费使用等。为了提升侦查机关的破案效率，尽可能挽回被害人的损失，以下是当你发现自己被骗后的温馨提示和程序指引，以供参考：

一、寻求公安机关帮助

【报案程序指引】

1. 当你前往报警（无论是通过致电 110 或者到派出所线下报案）的时候，无论是什么案由，是否成立犯罪、是否符合立案标准，公安机关都会给你提供一份《报警回执》，此回执是你报警的凭证，可以凭该凭证查询案件办理进展、处理结果。

2. 若符合标准要求，应以刑事案件立案侦查，公安机关会向你提供一份《立案告知书》，告知你本案符合刑事立案侦查条件，此案正式进入刑事程序，公安机关开始立案侦查。此时，你需要做的是尽可能配合公安机关做好询问笔录，应公安机关要求提供一切可能帮助公安破案的线索和材料。

3. 若本案确不属于刑事立案范畴，而只是一般的民事纠纷，公安机关会向你出具《不予立案决定书》，告知你不予立案的决定。若你对该不予立案的决定不服，可在规定的时间内向上级公安机关申请复议，或者向同级检察院申请立案监督。然后静候上级公安机关或者同级检察院对你的申请作出应予立案或维持不予立案结果的决定。

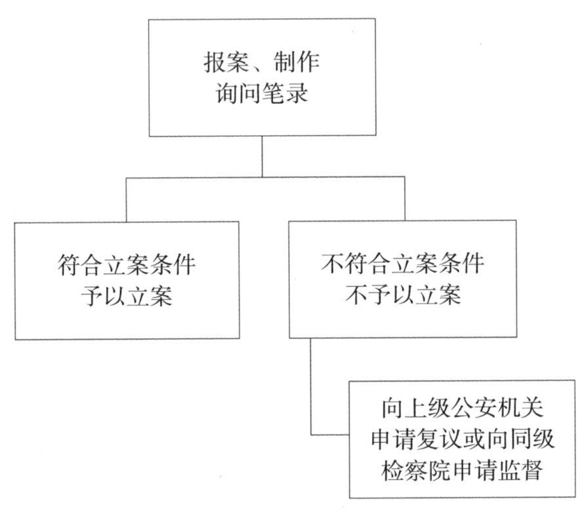

图1　报案流程

【应提供公安机关破案所需的信息】

为了便于侦查机关迅速展开调查、追踪，挽回损失，你应该积极配合留存、提供相关信息，主要包括以下几种：

1. 你本人真实的身份信息，包括你的姓名、身份证号码、居住地、你正在使用的联系方式等。方便侦查机关核实身份信息，并在案件取得进展的时候与你取得联系。

2. 尽可能向公安机关提供案发时的细节。包括你们如何相识，对方与你联系的软件、社交软件中对方使用的账号、诱导你登录的网址或者诱导你下载的 App、被骗过程和被骗方式等详细情况，以便公安机关更好地了解案件过程，决定是否并案处理，有利于案件侦破，及时锁定犯罪嫌疑人。

3. 向公安机关提供可以作为追查的线索，配合公安机关固定用以起诉的证据。转账凭证是非常重要的证据之一，包括 ATM 转账凭条、手机银行（网银）转账截图、银行流水单、微信支付记录、支付宝账单等，同时应该向公安机关提供收款的银行账号及开户人、用以收款的二维码等。与犯罪嫌疑人联络的相关凭证也非常重要，包括通话记录截图、电话通话详单、短信、微信、QQ、聊天记录截图等。如果涉及涉案网址或者线上支付链接，你还可以提供电子版页面作为证据。如果你有对方的电话号码或者其他社交平台联系方式，应一并向公安机关补充提交。

二、自救途径

除了及时向公安机关报案、寻求帮助外，你也可以采取相应的措施提前预防或者及时止损：

1. 在手机中下载反诈 App，同时向 App 开放相应权限。公安机关会通过 App 为你提供 24 小时的保护，一旦检测出你的手机收到疑似诈骗电话，公安机关会通过各种方式联系到你，帮你核实对方是否属于诈骗。

反诈 App，全称“国家反诈中心”，是中国公安部刑事侦查局官方推出的一款帮助用户预警诈骗、快速举报诈骗内容、提升防范意识的反电信诈骗应用。具有涉诈骗劝阻短信系统：涉诈预警劝阻短信系统通过运用大数据、人工智能等技术，自动分析发现潜在的被骗用户，并通过 12381 短信接口第一时间向用户发送预警短信，提示用户可能面临诈骗情况。用户如果收到来自 12381 的预警短信，请多留意。

2. 如果犯罪嫌疑人是通过你名下的银行卡、支付宝、微信等账户实施诈骗，可以立即联系银行和支付机构，通知他们停止支付和转账（部分支付机构具有一定延时到账的设定），并申请冻结对方的账户，可以有效地阻止犯罪嫌疑人进一步转移资金。如果汇款后发现自己被骗，可以在第一时间拨打中国银联专线 95516 请求帮助，他们会提供相应的协助和指导。

3. 为了防止犯罪嫌疑人将诈骗的钱财转移，如果你是向犯罪嫌疑人的银行账号进行转账，那么你可以及时登录网上银行，登录时输入犯罪嫌疑人提供的银行卡账号，连续输入错误 5 次，网上银行将会锁定账号，诈骗分子无法将诈骗的钱财转移。此时可以及时报警处理，为公安机关破案争取更多的时间，同时便于公安机关帮你追回被骗的财产。

图 2　国家反诈中心界面